春风化雨
桃李芬芳

——高校辅导员工作案例集萃

主　编：闵永新

副主编：金文斌　夏建华

编　委：（以姓氏笔画为序）

万鹏飞　王　玮　华秀梅　刘　燕　李薇薇

邹　斌　闵永新　金文斌　夏建华

安徽师范大学出版社

· 芜湖 ·

责任编辑：汪碧颖

装帧设计：桑国磊

责任印制：郭行洲

图书在版编目（CIP）数据

春风化雨　桃李芬芳：高校辅导员工作案例集萃/闵永新主编 . —芜湖：安徽师范大学出版社，2015.9（2025.1 重印）

ISBN 978 - 7 - 5676 - 1967 - 8

Ⅰ . ①春…　Ⅱ . ①闵…　Ⅲ . ①高等学校—辅导员—工作—案例　Ⅳ . ①G645.1

中国版本图书馆 CIP 数据核字（2015）第 106067 号

春风化雨　桃李芬芳——高校辅导员工作案例集萃

闵永新　主编

出版发行：安徽师范大学出版社

　　　　　芜湖市九华南路 189 号安徽师范大学花津校区　　邮政编码：241002

网　　址：http://www.ahnupress.com/

发 行 部：0553 - 3883578 5910327 5910310（传真）E - mail：asdcbsfxb@126.com

印　　刷：阳谷毕升印务有限公司

版　　次：2015 年 9 月第 1 版

印　　次：2025 年 1 月第 2 次印刷

规　　格：710×1000　1/16

印　　张：14.25

字　　数：200 千

书　　号：ISBN 978 - 7 - 5676 - 1967 - 8

定　　价：58.00 元

序　言

　　教育部《普通高等学校辅导员队伍建设规定》明确指出："辅导员是开展大学生思想政治教育的骨干力量，是高校学生日常思想政治教育和管理工作的组织者、实施者和指导者。辅导员应当努力成为学生的人生导师和健康成长的知心朋友。"作为高校学生日常思想政治教育和管理工作的组织者、实施者和指导者，辅导员工作责任重大，任务艰巨，如何在处理日常繁琐的学生事务中，做好思想政治教育和管理工作，并成为学生的人生导师和知心朋友，对辅导员的个人素质和能力提出了更高要求。鉴于此，我们选择案例分析这样一个角度，来展示辅导员工作的一些样态，体现辅导员职业的一种情怀。

　　案例分析是辅导员工作的基本功。这一认识得到了教育部主管部门、研究机构和广大辅导员群体的认同。自 2012 年教育部思想政治工作司主办、全国高校辅导员工作研究会承办全国高校辅导员职业能力大赛以来，辅导员工作案例分析就一直作为全国辅导员职业能力大赛中的重要环节。这是因为辅导员工作案例有一定的代表性、针对性，案例分析能比较好地体现辅导员日常工作能力和水平。准确把握和分析辅导员工作案例，无论是对于新入职的辅导员开展工作，还是对学生工作方法的探索和研究，都具有重要的现实意义。安庆师范学院十分重视辅导员队伍建设，在队伍培养上，构建"四大平台"——辅导员培训、辅导员技能大赛、辅导员工作论坛、辅导员工作坊，努力实现优化结构，集约管理，个性发展。在这支队伍中涌现了全国辅导员年度人物 1 人、全国优秀辅导员 1 人、安徽省辅导员年度人物 4 人、安徽省优秀辅导员 2 人、安徽省辅导员职业技能大赛一等奖获得者 2 人；这支队伍在全省率先获得教育部辅导员骨干支持研究课题，率先获得辅导员精品项目立项。

　　本书的创作基础依赖于一支素质过硬的辅导员队伍，目的是服务于辅导员实际工作，为新加入该队伍的同行们提供参考，希望辅导员能将感性认识上升为理性思考，将个别事例总结为群体现象，思考学生工作具体问题背后的原因，探索高校思想政治教育和管理工作的规律。本书选取的是辅导员日常思想政治教育和管理工作中有代表性的实际事件，根据案例类型，将 61 篇文章分为 7 大类，分别是思想教育篇（刘燕点评）、学生资助篇（金文斌点评）、班级管理篇（刘家祥点评）、网络媒体篇（华秀梅点评）、宿舍生活篇（夏建华点评）、心理健康篇（金文斌点评）和危机处理篇（金文斌点评）。每篇案例都来自实际工作，作者从自己的角度进行分析和总结，提出个人见解，同时每篇案例后面都附有同行专家的点评，对读者有一定的参考价值。

　　案例中的事件虽然都是辅导员工作中碰到的个别现象，但是所反映的问题具有普遍性、典型性和参考性。比如，思想教育篇中，丁元春老师的《抓好三方面　学习和工作两不误》写的是学生干部如何处理学习和工作的问题。学生资助篇中，陆佳老师的《贫困生认定中的"打假"》反映的是贫困生认定中普遍存在的鉴定困难问题。班级管理篇中，陈安定老师从工作中经常遇见而且是比较棘手的学生请假问题着手，探讨了如何智慧对待学生请假……

　　集腋成裘，聚沙成塔。这些案例只是辅导员工作中的零星记录，由此引发的一些思考，是辅导员平时工作中成功经验的积累，是辅导员智慧思考的结晶，也是对大学生思想政治教育内在规律性的把握。希望本书的出版能为辅导员队伍在职业化、专业化道路上的探索提供有益帮助。

闵永新

2015 年 6 月

目　录

1

危机处理篇

思想教育篇

以学生党建促班级建设

——做大学生思想政治教育工作的引路人

辅导员作为高校大学生思想的引领者,对大学生思想动态的把握至关重要,除了在完成辅导员工作之余,还承担着大量的党务工作。辅导员通常是学生党员的第一入党介绍人,许多辅导员担任学生党支部书记,还有的学院党总支副书记从事兼职辅导员工作。我于2012年9月担任文学院党总支第二党支部书记一职,因从事党务工作较短,在熟悉党务工作的同时,也遇到了一些比较棘手的问题,现举出有关案例并做简要分析。

案例一

9月,文学院分党校启动第46期入党积极分子的培训工作。在汇总学员名单时,我发现大三汤同学也名列其中。他作为文学院学生会通讯部部长、校记者团成员,待人诚恳,工作认真负责,发表新闻作品几十篇,为文学院乃至学校宣传工作都作出了突出贡献。这么优秀的学生为什么到大三才上党课,我很是疑惑。

作为文学院团总支负责人,我对汤同学的思想水平、工作能力还是比较了解的。这是一名非常优秀的学生,可是到大三才参加入党积极分子培训。经谈心交流才了解到,汤同学在班级默默无闻,没有引起辅导员的重视和关心。他们班的辅导员对其所取得的成绩了解不多,班级参加党课培训的名单也是由辅导员一个人确定,没有经过团支部的推荐。在党员发展过程中,辅导员起决定性的作用,这就容易造成:在班级工作中有贡献的、辅导员所熟悉和认可的同学进步就明显快一些，而有的同学在社团、学生会等部门取得成绩，不为辅导员所知，就只有在后面排队的份了。

确定入党积极分子培训班培训对象，要严格按照安庆师范学院党校的规定：培训对象为申请入党的积极分子，重点是其中的优秀分子和近期发展对象；各班辅导员和团组织推荐培训对象，学生党支部审核，党总支批准并报学校党校注册备案。这一规定确立了团组织在推荐培训对象方面的重要性。在确定入党积极分子的过程中，团组织充分考虑在各项活动中取得突出成绩的学生，并推荐他们参加入党积极分子培训班。这既是对他们取得成绩的肯定，也为其他同学树立了一个良好榜样。

在党员发展的过程中，要充分发挥团组织的作用，调动广大团员青年的积极性，将真正的优秀团员青年向党组织推荐。

案例二

大四某学生在大一到大二期间各方面表现突出，先后担任班长、院学生会干事等职务，在大三光荣加入中国共产党，后被推荐到校学生会，并担任校学生会副主席。入党后，这名学生各方面工作明显动力不足，后来连参加班会和组织生活会也以活动多为由不参加，并在网络上散布消极言论，甚至言语攻击老师，造成极其恶劣的影响。

学生党支部在党员发展工作方面或多或少存在一些不足之处。比如，对预备党员和正式党员的培养、监督力度不够，缺乏相应的制度保障。部分学生入党后，对自身的要求也降低了，完全没有体现出党员的先锋模范作用。辅导员作为学生党员的第一入党介绍人，存在着"重入党前的发展，轻入党后的再教育"的现象。在发展入党前，辅导员对发展对象进行认真考察和层层教育，让发展对象参加党校培训、讨论、写心得等，当他们发展成为党员后辅导员就认为任务完成了，忽略了党员的再教育工作，导致了部分党员"入党之前拼命干，入党之后松一半"的现象。党员先锋模范作用随之不再成为其追求的目标，思想上麻痹大意，行动上松懈懒散，各方面表现明显不如入党前，甚至出现一些违法违纪现象。

作为大学生思想政治辅导员和学生党员的入党介绍人，我们要加强学生的党建工作，我认为主要从以下几个方面入手。

首先，加强学生的入党启蒙教育，并将此作为新生入学教育的重要内容。辅导员通过新生档案和高考报考资料，在了解学生基本信息的同时，考察高中党员和高中入党积极分子的情况：对于高中党员，辅导员要进行谈话，了解入党的整个过程并对其提出具体的要求，并送到党校参加培训学习；对于在高中时就被确定为入党积极分子的新生，继续作为入党积极分子培养，及时安排培养人并选送到党校参加培训学习。对于其他普通学生，辅导员在向新生介绍学校教学、科研、校纪校规等情况的同时，介绍在大学生中发展党员的情况，并给每个班级配备一名党建负责人，指导其根据新生不同的情况挑选积极分子进行培养，做好党员发展工作。

其次，完善党建程序，建立入党积极分子、预备党员、正式党员的考察、培养、教育制度，形成层层考核的体系。辅导员要深入到学生中去，了解发展对象的表现情况，从不同角度以党员标准进行审查，保证党员质量。对于预备党员、正式党员的培养再教育，也是我们辅导员工作中的薄弱环节。部分党员的思想与行为存在一定的差距，不能做到思想入党和行为入党的统一。学生刚成为预备党员时一般没有经过党内政治生活的锻炼，缺乏履行党员义务的实践。所以，如何加强对预备党员、正式党员考察教育，提高他们的思想政治素质，增强分析问题、解决问题的能力也是我们辅导员所要解决的问题。辅导员要继续做好培养、教育工作，定期找他们谈话，了解他们的思想，继续深入考察他们的入党动机，定期在支部会上总结汇报。

再次，对学生党员的教育工作要坚持不懈。辅导员对学生党员应该严格要求，从严管理，帮助他们认识到，组织上入党只是个人发展进步的具体表现，是"一时一刻"的，不是最终目标，只有思想上入党，不断地探索真理，追求各方面的全面进步和发展才是"一生一世"的。辅导员要通过给党员交任务、压担子、提要求，教育党员时刻注意规范自己的言行，加强自身修养，以提高学生党员整体素质，在同学中充分发挥模范带头作用。

新时期对高校学生党建工作提出了诸多的要求，辅导员要提高理论水平和思想认识，在实际工作中及时总结经验，认真分析学生党员发展中的具体案例，切实增强学生党建工作的针对性和实效性，努力做好学生的党建工作，发挥学生党员在学生中的模范带头作用。

（文学院辅导员　方　瑞）

点　评

辅导员对学生加入党组织的全过程均负有重大职责，但在实际工作中，确实有辅导员忽略了自身的政治引领的职能。案例一表明了辅导员对本班学生缺少全面深入的了解。案例二表明作为辅导员对入党前后表现迥异的学生关注不够。这无疑是辅导员没有尽职尽责所致。作为一名政治辅导员，在学生政治信仰问题上，首先要教育引导，理直气壮地宣讲中国特色社会主义理论，全面贯彻党的教育方针，培养社会主义的合格建设者和可靠接班人。其次要全面了解学生，把政治信仰坚定、优点突出、在学生中起示范作用的先进分子推荐给党组织。最后要做好教育、监督工作，引领这些学生在各方面发挥党员的先锋模范作用。高校学生的党建工作和辅导员工作密切相关，基础工作在辅导员，切不可将其割裂开来。

用心引导学生 用爱打动人心

我所带的2010级班级中有三名学生自军训结束后，沉迷于网络游戏，一个月时间累计旷课达15节。据了解，这三名学生家庭条件都很好。在军训期间，三名学生一直都表现积极，其中一人担任代理班长，另外一人担任教官助理。但在此后的学习和生活中，他们自身的缺点逐渐暴露出来：个性张扬、骄傲自满，身为学生干部不但不以身作则，而且经常逃课。因有较好的物质基础，这三名学生染上了抽烟、喝酒的恶习，并且沉迷于网络游戏。其父母也多次来校，共同与辅导员对这三名学生进行教育，但是效果并不明显，三名学生依旧我行我素、屡教不改。看到学生家长那一双双失落又无奈的眼神，我深知作为高校的学生工作者，责任重大，但是我又能为此做点什么呢？

为了帮助学生改掉那些恶习，我做了很多工作。有段时间，我几乎每天关注他们，每周找他们谈话至少三次；经常深入学生班级、宿舍，掌握他们的学习、生活情况，同时让班级干部、同学经常与他们沟通，多做他们的思想工作；和他们的父母保持联系。通过我和家长以及同学们的共同努力，经过半年的时间，这三名学生顺利地改掉了坏习惯，成为积极向上的学生。通过这一过程，我深深地受到启发。

首先，要全方位地看待"问题学生"，辩证地评价这类学生。有时，学生会犯一些错误，但是在这些学生的身上也有很多其他同学没有的优点。辅导员要善于发现、挖掘这些优点，及时给予肯定和鼓励。问题出现后，要对学生进行了严厉的批评教育，让学生认识到错误的严重性。同时，帮助他们认真反思自己的所作所为，指导他们制订学期计划。

其次，对"问题学生"进行赏识教育。要尊重学生的人格，在思想上启发、引导他们，帮助他们重新树立信心，让学生认识到任何人都会犯错误，但是犯错误后要吸取教训。为此，我帮助他们找优点，帮助他们找回自信。其实，他们有很多的优点，有领导才能，有很强的组织能力，对工作有热情。在他们的带领下，军训期间班级气氛融洽，这些都是别的学生干部没有做到的。虽然他们暂时犯错误了，但是通过努力还是能够改正错误的。辅导员只有用爱心与耐心跟他们沟通交流，才能让他们端正态度，学会接受生活中遇到的挫折，勇于承担责任而不自暴自弃。

再次，充分调动外部环境资源影响其内在思想。我请任课教师多关注他们，并且专门安排了两名学生干部在学习上帮助他们，让室友在生活上帮助他们，并时常提醒、监督他们。通过这些方式，给学生营造出良好的学习氛围。此外，我也定期到班级、宿舍了解他们的学习和生活情况，主动和学生家长联系，及时交流情况。

在一段时间的耐心开导与帮助下，三名学生重新找回了自信并逐渐改掉了自身的缺点和不足，对学习又充满了信心。根据他们各自的特点，我又给他们安排了工作任务，让他们参与各项活动的组织策划，调动他们的积极性。经过一学期的锻炼，他们又有了出色的表现。目前，这三名学生已经通过了补考和重修，暑假期间，他们利用所学知识在一家知名公司进行了暑假实习。他们非常感谢学校对他们的教育，感谢辅导员的耐心引导。

无论是"好学生"还是"问题学生"都需要我们及时教育引导，"好学生"不关注很可能转化为"问题学生"，而且这些由"好学生"转化成的"问题学生"对学生群体的负面影响会更大。因此，作为与学生接触最多、了解学生最多的辅导员，应该深入学生，及时发现学生身上的问题，对"好学生"要及时关注，对"问题学生"要积极地帮助他们走出误区，因为我们潜移默化的教育可能改变学生的一生。

（文学院辅导员　李　李）

点　评

对于刚刚踏入大学门槛的大学新生而言，"边界意识"是教育的重点，什么事可以做，什么事不能做必须分清楚。从中学到大学，教育的重点是不同的。辅导员要帮助新生顺利完成角色转换，帮助他们规划好大学生活，确定奋斗目标，管理好课余生活。李老师能够把握住新生的教育重点，注重过程管理，加强家校沟通，鼓励室友互相督促，逐渐消除了这三名同学的"无政府意识"和一些不良行为，为今后充实而有序的大学生活奠定了基础。可见，掌握每一个阶段的教育重点、全身心投入工作和运用科学方法是育人、治理班级的三大法宝。

甘当学生成长途中的"助推器"

——肯定、激励之后的意外惊喜

自 2004 年工作以来，从事辅导员工作已十个年头了。2004 年 9 月，我带了第一届学生，全年级 8 个班，336 人。他们四年成长的经历，让我真切地体会到辅导员在其中的不可或缺的重要作用，同时，我也十分有成就感，看到自己带的学生能顺利地成长、收获，平日里再多的辛劳顿时烟消云散。梅子的成长经历就是一个典型的例子。它也时刻提醒着我，作为高校辅导员，我的责任重大，使命光荣。

梅子，来自农村，家境贫困，性格内向。刚入学不久，她便成了我首批关注的学生之一。关注梅子，不仅是因为她家境贫困、性格内向，还有个重要的原因，她在我所做的入学成绩分析系统中班级排名倒数第三名（全班 41 人，梅子排名 39），年级位次也相应靠后（全年级 336 人，梅子排名 316）。查阅高中档案时，我发现她的高中成绩还是挺不错的，评价也很优秀。凭感觉，我觉得梅子来自贫困的农村家庭，属于很懂事、很踏实、很发奋的那种类型，这个高考成绩应该不是真实写照，或者有着其他什么原因。我决定尽快找她好好谈谈心。

见面后，果不出所料，梅子不爱说话，问一句答一句，十分内向、腼腆。我就不断地鼓励她，让她慢慢地放松下来，让她感受到老师是在关心她、帮助她。随后，梅子的话语逐步多了起来，主动跟我聊起了她的家庭、高中学习状况以及刚入大学的感受等。通过几次谈心，我终于发现梅子学习的最大障碍正是家境贫困。一直勤奋学习的她，最大的心愿就是通过优异的高考成绩，回馈含辛茹苦且已年迈的父母，却终因心理压力过大，考出来的成绩连她自己也不敢相信。成绩揭晓后，她哭了许久。这一点也正如我所预料，不少来自农村家庭的孩子很认真、很努力，却因过高的自我要求而没有发挥出应有的水平，真的很遗憾。

了解了梅子的基本情况之后，我开始有针对性地做她的思想工作，给予她必要的帮助和指导，让她逐步找到自信，进而明确自己的目标。在此后的几次谈话中，我着重就大学学习方法、压力释放、困难资助、同学关系、能力锻炼等话题与她进行了深入的交流。同时，我充分肯定了她的优势：勤奋、踏实、执着，期待她出色的表现。之后，梅子的表现的确非同一般：每天清晨天刚蒙蒙亮时，便会准时出现在教学楼广场前的草坪上朗读英语；每次课前十分钟，准时出现在教室里；每天晚上熄灯时，才匆匆离开自习教室；从不缺席一节课，就连周末，也几乎泡在了图书馆里……成功离不开端正的态度，也离不开科学的方法。为进一步在学业上给予指导，我联系了几名专业课老师，让梅子空闲时去与老师进行充分的交流。同时与梅子约定，每月至少要找我深入地谈心一次。

功夫不负有心人。第一个学期的期末考试成绩出来后，我第一时间进行了成绩分析，结果令我振奋且惊讶：梅子的综合成绩排名班级第一，年级第一！这与梅子入学时的成绩排名相比，简直判若两人。这让我更加体会到辅导员工作的重要性与价值所在。

第二学期初，我做了一个大胆的尝试，在全年级中挑选了像梅子这样进步最明显的40人，利用业余时间和他们多交流、多鼓励，希望他们能够保持优势，相互学习，共同提升。最终的结果也令我十分欣慰：近八成的同学在接下来的几次考试中成绩占绝对优势，且比较稳定，其他方面发展也比较均衡。针对梅子，除了继续在学习、生活等方面予以关心外，结合她个人的实际情况，我将重点放在了阶段目标的设计和能力锻炼的引导上。

从第二学期起，我每周和梅子交流一次，给她详细讲述本科四年八个学期的主要任务和总体安排，引导她学会制订每个学期的具体目标；根据她个人的兴趣和意愿，结合其家庭实际情况，引导她科学制订本科四年的总目标。同时，向她灌输我们的理念：大学期间学习很重要，能力锻炼同样重要。在我的具体引导和帮助下，梅子很快制订出了她的阶段目标和四年奋斗总目标，很好地把大学英语四级、六级考试、英语专业四级、八级考试、全国计算机等级考试、普通话水平测试、实习、考研、论文等分解到了各个阶段；经过其深思熟虑，最终确定了考研的奋斗目标。学习之余，梅子也开始有意识地挑战她内向的性格，越来越多地出现在大大小小的活动现场，一切都在慢慢的改变之中……

接下来的结果一次又一次地让人振奋和感动：直至毕业，梅子的考试成绩一直是班级第一，年级排名中除了一次第二、一次第七，其余皆为第一！全班第一个党员，连续四年获得一等奖学金、三好学生，全年级第一个"兴皖育才"奖学金，全年级第一批国家励志奖学金，安徽省品学兼优毕业生……2008 年 6 月，梅子成功考取上海外国语大学英语语言文学专业研究生。

梅子的成长经历引发了我深深的思考。作为辅导员，我们要做的真的有很多很多。

（1）要关注性格内向的学生。性格内向的学生不愿意或不善于与他人多交流，有些事情只愿深锁于自己的内心，很少会主动与他人分享。辅导员要多走近他们，多关心他们，及时有效地帮助他们解决身边的问题。

（2）要关注家庭贫困的学生。家庭贫困的学生往往背负更多的压力，有着更加明确的目标，一旦遇到挫折，可能会导致连锁反应。辅导员要努力做好"扶贫"工作，不要再让经济上的贫困引发精神上的贫困。

（3）要关注学生的心理问题。当代大学生因学业、经济、就业、考研、情感等压力都较大，部分学生会或多或少存在一定的心理问题。辅导员要善于观察，合理引导，及时化解，不要让这些无形的压力成为学生成长途中的包袱。

（4）要关注成绩暂时落后的学生。考试是衡量教学质量和学生学习效果的重要手段。成绩固然重要，但也不能唯成绩说话。大学期间，辅导员可以自行做一些成绩分析比较（不宜公开）以掌握学生的成绩状况，便于有针对性地做好一些工作。对于成绩暂时落后的学生要多加鼓励，帮助他们树立信心，迎头赶上。

（5）要深入学生，多和学生谈心交流。《普通高等学校辅导员队伍建设规定》提出："辅导员是开展大学生思想政治教育的骨干力量，是高校学生日常思想政治教育和管理工作的组织者、实施者和指导者。辅导员应当努力成为学生的人生导师和健康成长的知心朋友。"如何成为"人生导师"和"知心朋友"，最根本的还是要深入学生，与学生多谈心、多交流。

（6）要多肯定、多鼓励、多帮助学生。辅导员是与大学生关系最亲近、接触最多的人，在学生成长途中应该而且容易发挥重要的导向作用。对学生来说，辅导员的肯定和鼓励是一笔不可估量的精神财富，能有效激励他们奋发向上、健康成长。

（7）要引导学生制订科学的成才目标。大学阶段是学生成长发展的黄金时期，科学的奋斗目标、可行的实施方案、良好的心理状态，有助于学生更好地把握大学时光，逐步实现自己的人生理想。这项工作的顺利开展，离不开辅导员的统筹设计与精心指导。

（8）要引导学生积极参加各种实践活动，争取全面发展。当代社会需要的是高素质的复合型人才。辅导员不仅要鞭策学生完成好课堂学习任务，还要注重引导学生积极参加校内外丰富多彩的活动，锻炼能力，提升素质。辅导员也应努力结合学生和专业实际，为学生量身定制一些有针对性的特色活动。

其实，像梅子这样的学生很多，能够成为梅子这样的学生也应该很多。只要辅导员耐心、细致地开展工作，做学生工作中的有心人，做学生成长途中的助推器，就会收获更多的惊喜。

（外国语学院辅导员　陈富泉）

点　评

本案例虽是个案，却有很强的代表性。辅导员要做个有心人，因材施教区别对待，工作才能有效果。336 个学生中，要关注到每一个不容易，能够花费精力具体帮助指导，而且是针对性的指导更不容易。难能可贵的是，陈老师能够做到跟踪考察，并把这种效果扩大到同类的多人中去，让教育成果达到倍增效应。辅导员的工作不仅要投入精力，还要投入智力。

给 "错误" 让条道

大一第二学期考试结束了，学生小王挂了一门功课。他很不理解，因为他这学期比上学期更努力，投入的时间更多，怎会挂科？

小王找到我，慢条斯理地说道，"老师，我平时学习挺努力，但这次挂科了，我觉得很郁闷，难道是我的学习路子走错了？"

入学时，小王成绩在班上并不算很好，但他非常刻苦。大一第一学期期末考试小王表现相当出色，总成绩排列班级前三。第二学期他的学习劲头越来越足，但挂了一门功课。小王自我剖析说："大一第一学期我跟着老师的步伐，把书本上的材料吃得滚瓜烂熟，期末考试成绩优异是理所当然的事。但我觉得，学习的路子并不能这样走，我不能仅限于课堂上老师讲的知识，一定要多阅读些课外知识，拓展自己的视野。于是，大一第二学期我把所有精力全部放在书本外知识的阅读上，对专业课的理解比以前透彻，有了自己的认识，这应该是一件好事，但不知为何我却挂科了。"

了解了小王的情况，我耐心地对他说："挂科当然不是一件光彩的事，要好好分析挂科的原因，达到课堂学习与自我学习相长的目的。拓展学习领域、深化学习层次是一个大学生发挥主观能动性的过程，最终会形成对专业知识的主见，而非教材上的'人云亦云'。有时不同的人对同一事情会有许多种不同的理解，'百家争鸣'会让真理越辩越清，但我们学习知识不能走极端，一定要站在前人的肩膀上，才能深化自己的知识结构。你之所以会挂科，并不能说明你的学习道路出现问题，只能说这是一种'试错'行为，你也没有必要太过紧张，但要吸取这次的教训，知识的学习不能以偏概全，要学会融会贯通。"

小王听后明白了自己的问题所在，表示今后会更加努力把成绩搞好，就当自己挂科是学习路上的一次"试错"行为。

大学生在成长成才的过程中，成功的教育一定要给学生留足一定的"试错空间"。大学教育是培养远见卓识的人才，而不是让人才束缚在"任何一种教育体制下"。许多事情只有经历过一次次试错，才有可能成就辉煌。据中国军网报道，姚明无论于事业，还是于生活，都是成功而圆满的。然而，在一次演讲中，他说了这样一番话："我在 NBA 的职业生涯中，总共投进了 3 362 个球，总共出手了 6 408 次，这就意味着我失手了 3 046 次。另外还发生了 1 304 次失误。我犯的这些错误，也构成了我职业生涯的一大部分，如果没有这 4 000 多次的错误，也成不了今天的我。"因此，辅导员不要担心学生在学习方法上会出错，就怕学生只愿做高分的"成功者"，而不愿主动"尝错"。

小王经过四年的努力，阅读了大量的书籍，形成了相对成熟的世界观、人生观和价值观，在大二、大三和大四三年中，多次获得校奖学金、国家励志奖学金等荣誉，大四用了三个月时间精心准备就顺利地考上了研究生。

（外国语学院辅导员　石卓义）

点　评

本案例从一个新奇的角度"尝错"开始，表述师生对"成功和失败"的理解，认为学生"试错"也是一种教育。其实失败的原因很多，好在案例中尝试失败的同学是方法问题而非态度问题。在寻求成功的道路上，方法错误会让你不断纠错，最终离成功越来越近；而"态度错误"让你不以为错，离成功会越走越远。辅导员就是要帮助学生认清他犯的是哪一种错。

用爱来沟通

从事专职辅导员工作，已经有一年的时间了。在这期间，我本着抚慰、引导、帮扶或批评教育的原则，多次与学生谈心。时间一长，逐渐形成了自己的谈心风格。比如说，面对那些表现不佳的学生，我一般会先听他们对自己最近学习和生活状态的评价，然后列举出他们存在的一些问题，分析其背后的原因并适当告诫，最后有针对性地给出建议。这套流程我自认为运用得很熟练，并且实际效果也还算不错。直到学生 M 的出现，我才意识到，和学生谈心，不是简单的一次对话，而是对辅导员智慧和耐心的极大考验。有时候，我们需要彻底摆脱自己的"师长"身份，用心去聆听，多换位思考，才能真正地理解学生，从而提供有效的帮助，为他们的成长保驾护航。

"五一"放假前的一个晚上，学院组织例行查寝，我发现 M 不在宿舍，在我两次打电话催促之后，她很晚才返回宿舍。考虑到已接近凌晨时分，我让 M 所在班级的班长次日再带她到我的办公室接受批评。第二天下午课程结束后，他们来了。看到 M 一副漫不经心的样子，我有点气愤。为了震慑住她，我没有进行例行的问候，而是直截了当地列举了她近期种种不好的表现，包括旷课、晚归、不归、沉溺于网络游戏等问题。让我倍感意外的是，M 丝毫不显得惊讶，反而理直气壮地告诉我，她没有上述问题。当我拿出课堂、宿舍的查勤记录时，她也丝毫不慌张，坚决不承认错误。我很生气，觉得她很不可理喻。我的态度越来越差，M 的反驳声也越来越大，最后她突然"哇"的一声哭了出来，说我一直都不喜欢她，在我眼中，她就是一个坏学生，她怎么做我对她都有意见。我看场面有点失控，担心再吵下去只会让情况更糟糕，赶紧安慰了 M 几句，劝她利用"五一"假期好好反思自己的大一生活，之后就让她先回去了。

事后，我想了很久，心里很不是滋味。对于 M，我并不陌生。她是一个很张扬的女生，入学不久就因家境不错却要求申请国家助学金而给大家留下了深刻的印象。后来，我虽成功说服她放弃申请，但心里对这个女生确实有了一些看法。军训结束前的一个晚上，M 又和几个爱玩爱闹的女生一起跑去教官宿舍楼下唱歌，严重影响了其他同学的休息，也给那晚值班的老师带来了不小的麻烦。这些小事情累积起来，最终促使我在确定 M 所在班级班干名单的时候，把得票不算低的 M 剔除了出去。再后来，M 有几次晚自习向我请假，我也以她请假频率太高为由拒绝了她。在之前的我看来，对于这个自觉性、纪律性欠佳的学生，严格约束她是很自然、很明智的做法。可是，我的这些做法，在她看来，是对她的不信任和不认可，这无疑是对她的极大伤害。终于，失望的她选择了与我所倡导的观念截然相反的学习态度，成为"不和谐分子""问题学生"。而我在处理问题时并没有考虑到这些，并且这次在批评她的时候，也没有让她所在班级的班长回避，这让她不得不选择继续和我对抗，以维护自己最后的尊严。

几天后，我约 M 单独到我办公室谈话。她进来的时候，我朝她笑着点了点头。她低下头，也不好意思地笑了。我让她坐下来，先和她聊了聊"五一"假期的经历。她慢慢放松下来，话也越说越多。我和她分享了我喜欢玩网络游戏的岁月，以过来人的身份客观地陈述了消极懒散的态度曾经给我的生活造成的困窘。她听得很用心。接着，我们又聊了聊她所学的一些课程，她告诉我，她的英语听说能力欠佳，于是我介绍了一些科学有效的英语学习方法。最后，她主动向我保证，再也不会出现无故旷课、晚归及不归的行为。谈话快结束的时候，我问她还有什么问题需要和我沟通。她笑着摇了摇头，说道："现在没有了，老师，在我来之前，我认为和你对话是个很大的问题，但现在我发现，我们能够很好地交流了。所以，没有问题了。"这次谈话就这样顺利结束了。

接下来的两个月，M 如她所保证的那样，没有出现旷课和晚归现象，上课也比以前认真很多。通过这件事情，我认识到，作为辅导员，我们应该时刻铭记，每个学生，无论暂时的表现是好是坏，都希望得到别人的理解和尊重。感人心者莫先乎情，要实现与所谓的"问题学生"的有效沟通，我们不能习惯性地站在道德的制高点上，一味地去指责他们，而应把他们当作自己的家人，发自内心地去关爱他们。真正的改变一定发生在学生自己的内心有所触动，从而有了提升自己的诉求之后。所以，作为大学生成长道路上的引路人和陪伴者，我们除了给他们提供力所能及的帮助和及时有效的提醒规劝之外，更应该尽一切可能去激发学生内心潜在的善良、上进、宽容、忍耐、坚毅等美好的品质，让这些原本是每个人都具备、但常常被忽略的内在力量为学生的茁壮成长提供不竭的动力。

（外国语学院辅导员　吴　敏）

点　评

辅导员的工作面临很多不确定的因素。尤其是现在的大学生，他们的成长环境相对优越，家庭和社会对他们的包容性过强，会导致一些大学生存在个性缺陷，如自私，虚荣心强，张扬……如何让这样的学生学会自省、自觉、自强，确实考验辅导员的育人能力。吴老师能够在冲突中冷静处理问题，避免矛盾激化，为后面的工作留下了空间；同时，能放下教师的架子，与学生真诚沟通，发现学生的闪光点，并不断激发学生"真善美"的一面，很好地体现了育人育法、教人教心的教育特质。

从"不合群女孩"到"世博会志愿者"

2004 年开始从事辅导员工作，转眼之间九个春秋过去了，两届学生已经毕业走出校园。如今我依然热爱这个岗位，并幸福地坚守在这个岗位上。从新生入学到大学毕业，我和他们一起成长、进步，陪他们一起经历大学的酸甜苦辣。这里有太多的故事、太多的感动、太多的成就、太多的自豪……

她在班级里是一个很不爱说话的女孩，可以说也是一个"不合群"的大学生，毕业后考取上海师范大学哲学专业研究生，2010 年成为世博会志愿者。直到今天，我都为此感到自豪和骄傲！

她叫晓雯（化名），来自农村，个头不高，性格内向，不爱说话，很少看到她笑。大学一、二年级时她在班里始终默默无闻，偶尔参加一些学校征文之类的活动，班级其他集体活动几乎不参加，但是学习很用功，成绩中等略偏上。同宿舍的学生干部反映，她总是独来独往，不愿和别人多说一句话。

我对她也格外关注一些，会经常找她聊天。她的话很少，往往总是我在说，她听着，点头，偶尔说一两句，声音也特别小。在她的人际交往中，我们之间的交流算是比较多的了，她也因此对我比较信任。所以，偶尔她遇到一些小问题、小困惑也会来找我，我都耐心地帮助解决，并借机会多了解她和鼓励她，多数情况下就是这样。大学前两年就这样平静地度过了。

在同学们眼里，她是个比较孤僻，甚至有点"古怪"的人。她偶尔也会和班里的同学为一点小事发生争吵，其实都是些鸡毛蒜皮的小事，经过我出面"调停"，也都"摆平"了。我常常会站在她的立场上为她多考虑，这一点她很感激。

大三那年，一件意想不到的事情发生了。在图书馆，晓雯和班里的另外一位男生在自习（之前这两人就有过误会和争吵），男生看到她时说了一些话，她没有多说什么。后来倒开水时，她路过男生身边不小心将水洒到男生身上了，两人的矛盾再次激化，甚至有了肢体的冲突。这时男生给我打了电话，我从值班室迅速赶到现场，了解了情况并劝说双方冷静下来，平息了一场"战争"。

这一次我和晓雯长谈了四个小时，她也渐渐敞开心扉。原来她上大学之前就有被人误解并造成很大心理创伤的经历，上大学后觉得身边的同学还是不理解她甚至误解她、瞧不起她，所以不愿意和身边的同学交往，也觉得没必要，身边更没有什么好朋友。她甚至想要调换宿舍，让我给她安排一个单间，自己一个人住。

我问她："老师算不算你的朋友？"她点头说："是。"我也暗自高兴，毕竟朋友之间好说话，不管怎样我们的距离也拉近了很多。我就以"老师"和"朋友"的双重角色和她推心置腹地聊了起来。

晓雯喜欢哲学，我和她聊到人际交往的话题时说，哲学课上讲，整个世界是普遍联系的，人与人之间也是这样，不仅在大学，将来走上社会，在自己的工作岗位上，没有哪一个人是独立存在的。我让她好好想想，有没有这样的特例存在，她没有想到这样的例子。

之后我又和她谈了很多，同学关系的重要性，团队合作的意义，人际交往中的心理学，还有正确面对人际交往中的种种矛盾和挫折，如何摆正心态，走出阴影，相信自己……后来又聊到她的性格和兴趣方面，她对哲学感兴趣，我借此鼓励她考研，并给她提出了一些具体的建议，还送她考研指导书和人际交往方面的书。可以看出，她很高兴，也很感谢我。

当然我没有同意她住单间的要求。我的态度很坚定，要求她不能有任何过激的行为，无论遇到什么难题都要先找我商量，她没再说什么，点头表示同意。我们之间也做了一个约定，每周见一次面，聊聊天。我也私下安排同宿舍的学生干部和其他室友要更加关心、理解和帮助她。

我们遵守了约定，并且一直坚持到大四那年。后来聊天时，她的笑容渐渐多了起来，说话的声音也比以前大了一些，室友之间的关系也融洽了很多。她顺利完成毕业实习和论文答辩，考取了上海师范大学哲学专业研究生。2010年她报名并入选成为世博会志愿者，还给我发来了照片等邮件。看到这些，我很欣慰。

面对这个女生的"不合群"现象及后来一系列的转变，结合个人的做法，我有以下几点体会。

（1）正确面对80后、90后大学生的新特点。他们多为独生子女，从小的生活环境和经历对他们的性格、行为举止、思维方式等方面有很大的影响。他们的人际交往能力和社会适应能力比较薄弱，这在很大程度上造成了"不合群"现象的发生。

（2）"不合群"与心理健康问题往往交织在一起。辅导员工作中的心理健康引导的重要性日益突出。部分大学生的心理承受能力和受挫能力都很差，缺乏一定的心理疏导和抗挫能力训练，我们要成为大学生的"加油站"和"避风港"。从案例中可以看出，"不合群"的女生有困难会找我，而且得到了我的积极帮助和鼓励，这一点为以后的工作奠定了基础。

（3）辅导员要有高度的责任心和使命感。案例中的女孩是"不合群"现象的一个典型，类似这样的事情任其发展容易使矛盾恶化，甚至发展为突发事件。所以，我始终做到不抛弃、不放弃，通过自己的努力，与学生干部、室友形成合力共同帮助学生实现从"不合群"到逐渐"合群"的转变。

（4）辅导员要学会"换位思考"和"因势利导"。辅导员要成为"不合群"学生的朋友，走进学生心灵，尽快成为"不合群"学生最近和最亲的人，最终成为大学生的知心朋友和人生导师。

（5）运用人格魅力和实际行动去影响学生。辅导员要与学生一起面对问题，帮助学生解决实际困难，要有滴水穿石的精神，用真心感化学生，达到"润物细无声"的效果。学生工作中常常会遇到一些令人棘手的问题，不是三言两语就能说明白，也不是三天两天就能解决好的，要时刻保持一份责任心、爱心、耐心、信心、细心，并且持之以恒，我坚信功到自然成。

类似这样"不合群"的现象在大学生中还是有一定比例的，表现可能不同。比如，曾经有一个大一男生，入学后从不参加班级的集体活动，询问原因，说是以前老师说过，只要学习搞好了，其他的不重要；还有一个女生，在宿舍里"不合群"，由于室友之间的作息时间、生活习惯等不同，很不适应学校生活，她的母亲甚至要来校陪读；等等。这些案例值得我们深思，对今后的辅导员工作颇有启发。

（1）努力成为一个"专家型"辅导员。学生工作千头万绪，涉及面广，除了耳熟能详的思想政治教育、日常事务管理和学习成长指导以外，还有心理健康咨询、职业生涯辅导、创业创新教育、社会活动引导、突发事件应对，等等。这些都要求我们必须具备一定的理论知识和实践能力，以专业化、职业化视角来面对新形势下的学生工作，将自己打造成一个"专家型"辅导员。

（2）和大学生真心交朋友。辅导员是大学生的知心朋友和人生导师，这是我们每个辅导员的定位与努力的方向。在实际工作中，我们首先要学会和大学生真心交朋友。辅导员一旦成为大学生最近与最亲的人，亦师亦友，关系融洽，辅导员的影响力与亲和力会达到"润物细无声"的效果，无论是思想政治教育还是其他工作都便于开展了。

（3）不抛弃、不放弃，用爱书写育人的真谛。从事辅导员工作时间久了，带的学生多了，可能会有职业倦怠感，这就需要我们不辱使命，时刻提醒自己，牢记肩上的责任。因为我们的工作会影响学生的大学时光甚至一生。为了一切学生的成长成才，一切为了学生的成才成功，用饱满的热情和无私的爱去面对学生，学生才会信任我们、亲近我们、不辜负我们。

（4）辅导员工作也是一门艺术。辅导员的工作作风和处事原则都会言传身教给我们的学生。要注意工作方法，多鼓励、少批评，多肯定、少责备，多关心、少冷落，多引导、少说教，换位思考，因势利导，循循善诱，水到渠成。

（政治学院辅导员　金忠良）

点　评

金老师及时的教育帮助了本案例中的学生走出了阴霾。一件事可以影响一个人的人生态度，过去所受到的伤害让她对人有无端的敌意，如果没有人帮她打开心结，这种敌意可能会伴随她一辈子。正是金老师的循循善诱，让她懂得了信任他人，以至于后来能成为志愿者去服务他人。这是多么大的改变，而这种改变仅仅是因为有人理解她、关心她、信任她、温暖她。所以，拯救一个人于心灵黑暗之中，只需做一件事——爱他。这是教育之源。

一日之计在于晨

——面对"起床困难户"学生

"王强。"

"到。"

"李明明。"

"到。"

"赵旭……赵旭……"

"……"

"喂，赵旭，你现在人在哪里？"

"辅导员，对不起，我马上到，马上到！"

赵旭，是我的一个"特殊"学生，不久前从物理与电气工程学院转到我们经济与管理学院。小伙子朴实憨厚，很快就与班级同学打成一片，可就是有一点小毛病：爱迟到。上课迟到、班会迟到、班级活动也迟到，班长反映、学习委员反映、生活委员也反映……迟到的原因呢？仅仅是"睡懒觉"，同学们戏称他为"起床困难户"。这也是我第二次发现他不在教室。

课后，我把赵旭叫到办公室来。

"赵旭啊，……"

"辅导员，对不起，真的对不起，我今天真的是有特殊情况，不是我故意要迟到的，我手机闹钟不知道怎么坏了，早上没有响，就睡过头了。我知道辅导员可能不相信我所说的，但真的就是这样，我也不知道手机闹铃怎么好好的就坏了，我真的不是有意要迟到的……"

这样一个不能称得上理由的理由，再配上他一脸无辜、无奈及委屈的表情，好像事实就真的如他所说。显然他已经知道我想说什么了，非常老练地将责任推给了"手机"。面对这样的学生，简单的说教似乎已经起不到多大的作用。在他看来，迟到并不是什么大不了的事情，能拖一分钟是一分钟，也许时间拖得足够长，那节无所谓的课就会结束了，那个无聊的会议就可以少听会儿，至于班级活动，多他一个不多，少他一个不少。这次，我必须得让他意识到自己的不良习惯，时间观念、集体观念一个都不能少！

"你先别急着解释，我找你来有另一件事情。我们学院马上要举办'班级杯'篮球赛，你知道吧？体育委员这两天正跟我诉苦，咱们班男生本来就少，会打篮球的就更少了，我看你身高条件很好，班上同学也跟我提过你的技术还不错，于是就向体育委员推荐了你，代表班级组队参加比赛。你应该没问题吧？"

"哦，这个，我一定参加比赛，争取拿一个好成绩。"

"嗯，我相信你可以做到，那接下来就要为比赛做准备了。要想打好比赛首先要有过硬的身体素质，同时篮球是一项团队运动，打比赛靠的是配合。这样，我来联系一下体育委员，从现在开始你天天跟他们一起集训，每天早晨6：30围绕'西部生活区'跑三圈，每天下午上完课后在篮球场练习配合。"

"嗯……"

"咱班这个篮球队组建起来不容易。每天早晨6：30跑步，大家需要的是毅力。所以，我提议咱们建立一个互助互勉机制，每天由体育委员督促大家准时起床参加集训，直到大家形成良好的时间观念。赵旭，你看怎么样？能不能坚持做到？"

"这，……应该可以吧……"

"我希望你能不折不扣地做到。自从你转到咱班以后，班级同学对你的印象总体还是不错的，但你自身也存在一些问题，比如说迟到。其实偶尔迟到也算正常，但是经常迟到就有些过分了，你说呢？一次迟到、两次迟到可能是有某些特殊情况，但若长此以往，人也会变得越来越懒惰，办事效率就会降低，而且容易给别人留下一个懒散的印象。大家都是年轻人，年轻人就应该有旺盛的精力，对生活充满激情。我希望通过咱们班这次的篮球赛，大家一起锻炼，你也借此机会克服一下自身的困难，希望你和同学们好好相处，好吗？"

"辅导员，我明白您的意思了，我也愿意从现在开始做一些改变。"

这次谈话以后，我找到了班级体育委员，特意叮嘱他每天都到赵旭的宿舍喊他一起去锻炼。

大学生本应是积极、阳光、充满活力的青年群体，但是也有部分人很多时候会出现消极、慵懒的状态。一次次的教训都没能够阻止学生的迟到现象，各种场合迟到现象依旧时而出现。究其原因主要在于未能从根源处消除学生的懒散心理。这次谈话相对传统的讲述遵纪守规的重要性，效果要好得多。其实，学生懂得遵守校纪校规的道理，但如果只一味强硬地用外力去强迫其服从学校的管理制度，学生懒散的行为也许一时被压制住了，但又能维持多久？所以，只有触及他的心灵深处，让他意识到自己确实需要有所改变，才能达到"育人"的目的。

从这件事情中，我得到以下几点启示。

第一，当遇到学生迟到等违纪行为时，查明原因，不能不分青红皂白地教训学生。

第二，当学生编造出一些明显不可信的理由时，先不急于戳穿他，戳穿谎言的直接后果就是，学生有了较强的防备心，你若再强调校纪校规，也无济于事。

第三，在了解学生的基础上寻找突破口。从心理上斩断其"借口"，让学生本人认识到自己确实存在这样的问题，并且给他指出解决问题的途径，给他机会改正。

大学生思想活跃、个性突出，对于大学生的管理必须尊重个体差异性。辅导员不能单纯地用"学习好""遵守校规校纪"等标准给学生做定性评判。只有全面把握学生的情况，在充分肯定其优点的基础上，因势利导，让学生认识到自身的问题所在，并提供一个解决问题的方法，给予他们足够的理解、尊重，才能更好地促进学生成长、成人、成才、成功。

（经济与管理学院辅导员　方　蓬）

点　评

方老师很聪明，面对常迟到的学生撇开"主题"谈"其他"，针对学生的兴趣点和特长，给他下任务，定目标，唤醒学生身上的责任意识，让责任作为学生改正缺点的压力和动力。这个案例给我们的启示是：面对学生出现的各种各样的问题，辅导员要分析归类，找出不同类型问题的解决办法，而不是一味地否定、责难学生，或是用纪律约束学生。要用学生乐于接受的方式如目标、理想等内在追求来约束学生。

换个角度谈问题

新学期报到的当天晚上，班长查完宿舍回来说，学生小王没有返校。想起白天查看上学期期末考试成绩的时候，我发现小王已经累计四门课不及格，再出现不及格的现象就要拿不到学位证书了。顿时，我心里一沉，随即给小王打了电话。他说在外地打工，还要工作一阵子，暂时不回来了。

说起小王，真是一个令人操心的孩子。其实这名学生尊重老师，团结同学，善良，有正义感，据说还时常捐助敬老院和福利院，并且积极参加班级各种文体活动，同学们都喜欢他。他就是有个缺点：不爱学习，时常旷课，找各种理由请假离校，考试不是旷考就是不及格。以前，我也找小王谈过几次，他每次态度都很好，结果出了办公室的门还是一切照旧。

当即，我要求小王马上返校，并与他认真谈了一次话。以前的每次谈话，基本上都是我在批评，他在听。我要求他写检讨书、写保证书，他就写，然后依旧我行我素，基本没什么效果。这次我决定换一种方法，先和他聊聊假期的经历。一开始他不太配合，不说话。随着我与他聊天的深入，他开始说起假期打工的经历：去了一家私营企业做销售，一个暑假赚了将近一万元。

他问我："老师您一个月的工资有一万元吗？"我笑着说："没有。"他说："您读了那么多书，一个月创造的财富也没有我多，读书有什么用呢？"我不置可否，继续听他讲述。

小王说他成长在一个父母经商的家庭里，小时候家里很富有，但后来破产了，亲戚朋友都躲着他家，关系变得疏远了。于是，他

29

从小就有一个愿望，希望能够经商成功，让父母扬眉吐气。他认为就算大学毕业还是很难找工作，不如直接经商赚钱，所以他不愿意去上课浪费时间，希望我批准他出去打工。

我静静地听他说完，问了他一个问题："你是不是认为学习毫无意义？"他若有所思，半晌说，不全是。我问他为什么要交学费上大学呢。他回答不出来，我让他回去想想，想明白了再来找我。

第二天一早，他来办公室找我，跟我说："老师，您这次没有批评我，却比让我写保证书和检讨书还难过，因为我觉得好矛盾，我也不知道我为什么要读书，好迷茫，想听听您的意见。"

我跟他说了一些道理。第一，学生来学校是为了学习知识。大家都知道，知识才是改变命运的基本途径，但困惑于知识怎样才能改变命运。我个人认为学习知识是一种修行，而最美妙的是求索的过程。怀着一颗虔诚的心主动地对待知识，你会发现他是一个投之木桃、报之琼瑶的好朋友。你可以通过他创造财富和价值，使存在感得到满足，使心灵更宁静、更充实。所以，学生来学校首先是"学习知识"而不是"改变命运"，学习知识才能改变自己，改变自己才能改变命运。

第二，学习是为了体会受教育的乐趣。一个人对物质生活的追求是必要的，但是追求精神生活的富有更加重要。只要我们不断探索新知，努力完善自己，人人都能成为精神上的"富翁"，从而享受生活赐予我们的快乐与幸福。

第三，让父母扬眉吐气，这可以是奋斗目标，但不能成为真正的梦想。富有多金、封官扬名、完美爱情，这些外在的追求难以作为强大动力持续很久。梦想的价值在于引导人生，激发潜能。一个人应该尽自己最大的努力，挖掘自己的潜能来实现自己的梦想。同时，在追求梦想的过程中不断完善自己，这才是梦想的价值……

听完这些话，他似乎豁然开朗："是的，老师，我想明白了。读大学是熏陶自我的过程。或许我不喜欢我的专业，但我父母送我来学习，受教育，是希望我作为一个高素质的人，是希望我通过学习知识走向成功之路。"

　　辅导员在工作的过程中，难免遇到让人头痛、"屡教不改"的学生。面对这样的学生，批评、斥责、告诉家长、要求写检讨书和保证书甚至处分，都不能很好地解决问题。这类学生的自我意识较强，他们的品质往往并不坏，只是在认识上存在误区，一切粗暴的方法只会把他们越推越远。不妨换个角度看问题，换个角度与他们谈问题，从"你绝对不能这样！你怎么会这样？你这样就毁了！你一定要给我这样！"等命令的语气，转化成"你为什么要那样呢？那样做给你带来了什么呢？"等柔和的语气。只有这样，你才会找到切入点，学生才会敞开心扉与你交流。你了解了他们在想什么，才能有的放矢地解决问题。

　　　　　　　　　　　　　（人文与社会学院辅导员　董　思）

点　评

　　本案例反映出大学生价值观的偏差。现实生活中，部分大学生把赚钱当作人生的目标，《成功学》《一夜暴富》《卡耐基的成功之道》等这类书籍取代了专业课本，财富榜上的名人成了心中的英雄。这些现象折射出大学生追求财富的急功近利和浮躁的心理。董老师从大学的本质、生命的意义、目标与理想的关系等角度成功说服学生。如何教育学生树立正确的金钱观、价值观，是一道较深考题，值得辅导员去思考和解决。

一封特殊的信

　　为了让学生遵守校纪校规，在新生入学教育期间，辅导员都会带领新生集中学习校纪校规，让学生了解违反校纪校规所带来的一些后果。在对学生开展日常行为规范工作的过程中，部分违纪学生会有一些负面情绪和抵触行为，这种情况的处理是非常考验辅导员工作能力的。

　　在学生管理工作中，90后大学生的特点日益显现，他们追求个性、自由，不愿意接受管束，对于一些规章制度方面的要求有抵触心理，认为这限制了自我个性发展，束缚了个人能力的培养，甚至会有部分学生以较为独特的方式来表达自己对这种约束的不满。T同学就是我所遇到的这类学生群体中较为特殊的一个。

　　那时候，我担任一个年级四个班的学生辅导员工作。为了让学生端正学习态度，养成良好的学习习惯，我狠抓班级学风，尤其是对无故旷课的行为查处非常严格，经常不定期到班级进行上课情况的了解，早晚自习也都安排学生干部进行点名，并结合日常的班会课，强调大学生违纪行为后造成的后果。如旷课多少节就会被处分，或者什么样的违纪行为就会拿不到学位证书等。从我的角度来说，我仅仅是告诉学生一些客观事实，为的是增强他们遵守纪律的意识，但是，我却收到了一份从未想过的礼物——恐吓信。

　　说它是恐吓信，我不知道是否有些夸张，但信的内容的确是让我惊恐了一番。当时，T同学笑呵呵地走进我的办公室，递上这封信并让我回家再看的时候，我还以为，他在我的这种纪律规范的要求下有所体悟了（因为在多次的点名中，T同学的旷课率比较高，我也找他谈过话，心想，也许他本人已经有所认识了）。在回家的校车上，我迫不及待地打开了信件。简单地瞄完里面的内容之后，我可谓是从头凉到脚。信件的内容大概是：你一天到晚强调纪律有意思吗？我就是一个不爱守纪律的学生，你要拿我开刀吗？我的性格很古怪啊，我如果拿不到学位，说不定会做出一些极端行为的，你希望白刀子进去红刀子出来吗？……信件中有很多谩骂的语句。拿着信，我浑身颤抖，并不是害怕，而是一心为了学生却没有得到理解的那种失意。

我在家里仔仔细细地将信看了很多遍，认真地分析了学生的心理，我决定，暂时按兵不动。从常理上来说，我收到这样一封信，应该会大动干戈，至少要找 T 同学好好谈心一次，指出他的思想问题，甚至给予一定的批评教育。但依照平时的了解，T 同学性格内向，不善人际交往，同学关系一般，虽说在信中讲了一些过激的话语，我知道这只是一个无知孩子一时的情绪宣泄。而且他敢于递出这样一封信，肯定也做好了被老师训斥的准备，如果一切都如他预计的那样处理，他会觉得老师也不过如此。

我的做法是，按兵不动，让 T 同学对老师的真实态度感到好奇。与此同时，我不断地和他周边的同学接触，了解他平时不上课时都做什么。了解后我发现，虽然他没有去上课，但都在图书馆里看专业课书籍，因为有考研的打算。另外，由于纪律意识差、行为散漫成为习惯，所以，就出现了这样的违纪行为。而我不断强调的违纪后果对他又是一个冲击，因为害怕拿不到学位，就采取了写恐吓信的方式，希望我能够不再盯着他的旷课违纪行为。此后，我依然同往常一样，加强班级到课率的统计，并未因为这封恐吓信而有所改变。但是，我不再仅仅强调违纪行为的后果，而是强调遵纪守法意识对于一个人一生的意义。同时，与学生谈自己在大学里的状况，现在工作后的感受，耐心地告诉学生有些活动看起来无意义，但对学生个人品行、意志力培养是有好处的，等等。我也更加注重说教的方式，避免直面说教而导致学生产生逆反情绪，通过日常管理潜移默化式的教育慢慢改变学生对于违纪行为的错误认知，形成合理认知。碰到T同学时，我还是一如往昔地和他打招呼，询问他最近的状况，并告知要坚持早晚自习，不要旷课，遇到特殊情况要履行请假手续等。我观察到，T同学看到我时，会面露愧色，欲言又止，但是旷课等行为有了明显好转。

目前，一些大学生对于学习的认知有所偏颇，专注自己的个人世界，自己认为有用的课程就会认真听，但是一旦自我判断课程无用，要么上课玩手机，要么旷课。而每所高校对于学生的旷课行为都有明文规定，一般旷课累计节数达到一定程度，就会有相关的违纪处理，严重的还将予以开除学籍。

辅导员进行日常班级管理，就必须要对学生的行为规范提出要求，对有旷课等违纪苗头的学生尽早告诫，避免学生因思想上的不重视而导致更加严重的违纪行为。辅导员发现学生的旷课行为后，学生的反应各式各样，但像T同学这样反应过激甚至因为害怕被惩罚而写信恐吓老师的为数不多。这与其本人性格孤僻有关系，与我在检查过程中多次强调旷课的客观后果也有关系。教育应该从根源上解决问题，单纯性地强调纪律可能会造成学生情绪上的反感，也不能够真正意义上地解决纪律性不强的问题。面对学生的过激反应，辅导员应该秉着一颗真诚的心去感化学生，用实际行动帮助学生解决思想上的问题，强化纪律意识，给学生一定的成长空间，这样才会收获更多。

在与T同学的"斗争"中，我始终不提及那封信，只是更加注意与其心灵上的对话。我会利用班会、课外活动等多种途径了解他，灌输正确的教育理念，帮助其改正不良行为习惯，而不是一味按照学校校纪校规进行处理。有时候，处分，只是辅导员作为纪律要求的一个辅助工具，不能作为唯一武器，否则，只能伤了师生情，毁了教育的真正意义。四年里，T同学始终与我保持着若即若离的师生关系，我一直没有找他单独聊起这封信的事情，我想，这会成为我俩一生的秘密。他的进步是有目共睹的，旷课现象逐渐消失，也乐于参加一些学生活动，虽然遇到一些问题时更喜欢通过网络聊天等方式找我交流，但是我看到了他清澈的眼神。大四那年，他报考了研究生，在这个过程中，我一直鼓励他，帮助他调节情绪和状态，并在他遇到调剂难题时，积极帮助他解决，最终，他被某高校录取。现在，他会在QQ中称呼我"赵姐"，而我，一如既往，跟他谈天说地聊专业发展，却不去碰触我们曾经的秘密。

（人文与社会学院辅导员　赵丽丽）

点　评

对于学生的挑衅行为"冷处理"是最好的选择，既能避免老师的尴尬，又能消除学生的逆反意识。赵老师在接到"恐吓信"后，及时采取措施，不动声色，以身作则，避免了冲突，赢得了主动。最无声的鞭策是最真切的帮助，只有感受到辅导员无言的"爱"，才能让学生自我反省，自我纠正。

谁为青春买单

自 2009 年 9 月我开始担任计算机与信息学院四个工科班的专职辅导员到现在，四年时间一晃而过。目前，255 名毕业生已经毕业，有的考取了研究生，有的考取了事业编制和公务员，有的找到了理想的工作，而有的却拿不到学位证和毕业证，无法顺利毕业。期间发生了很多事情，值得反思和探讨。

发生在学生身上的事情，有的是学习问题，有的是情感问题，有的是心理问题，也有的是辅导员的工作态度和工作方法问题。而我觉得最典型的一个案例是关于"大学学习的价值在哪里"。如果一个大学生对大学的价值和如何实现自己的价值产生了迷茫和困惑，那么其他一切都为零。

写到这里，我的眼前浮现出了小季的身影。他家在安徽农村，体形清瘦，性格内向，略带腼腆。2012 年 6 月，他正读大三。有一天他到办公室找我，说要应征入伍。我说，学校有大学生应征入伍的要求，现在应征入伍，是要保留学籍的，也就是说，两年后退伍回来，还要接着修完大四的课程，这样才能顺利毕业。然后，我就询问他现在要求应征入伍的原因。他说，自己感觉大学三年里没有学到什么东西，这样下去毕业也找不到工作，挣不到钱。每次放假回家，看到中学辍学在家的同学，要么有技术出去打工，要么做个小生意，现在有的结了婚、生了孩子、有了事业、买了私家车。看看自己当初学习比他们要好，考上了大学，本想努力学习，将来找到好工作，可是理想与现实差距太大。花光了家里的积蓄，看着父母操劳的样子又无能为力，自己在学校也学不到什么东西，对大学失望，想早点进入社会找点事情做，早点挣钱，缓解父母的辛劳。

他说到这里，我意识到两个问题：第一，这个孩子不是个"坏孩子"，至少他很孝顺；第二，他对大学的价值产生了困惑，不知道读大学是为了什么，也不知道自己的价值又该如何实现。

听完他的讲述，我的心里很沉重，但还是给他提出建议：与其现在保留学籍去应征入伍，不如第二年毕业后再去报名应征；觉得自己上大学没有当初辍学的同学挣钱多，觉得自己没有用，这件事要分开来看：第一，进大学深造和将来工作挣钱并不矛盾。知识是我们适应社会和工作的基础，没有知识我们就会被社会淘汰。第二，觉得自己成绩好，上了大学将来一定会比辍学的同学挣钱多，这个想法是幼稚的也是错误的。虽然他们辍学在家，他们也同样是在社会这所大学校里学习，他们能小有所成，也是付出了巨大的努力。我让他回去再认真考虑考虑，最好听听父母的建议。

很快到了暑假，学院统一安排 2009 级学生到苏州进行专业实习实训，唯独小季没去；毕业论文，唯独小季没做。这个时候我联系不到他，听班级同学说他也很少和同学联系。期间，论文指导老师联系过小季一次，苦口婆心地劝他做毕业论文，他还是不听。按照学校规定，他已经拿不到学位证和毕业证。

我想，在学生感到迷茫的时候，我作为辅导员应该多一点关爱，多一点帮助，不至于让他打心底里对大学失望。如果当初能带他到心理咨询中心多加开导，鼓起他的勇气，也不至于成现在这个样子。

脆弱的心灵，无力承载迷茫的青春；青春的花朵，迷失在人生的路口。大学学习的意义究竟在哪里？是毕业后高于农民工的薪水，是毕业后一份体面的工作，或者是一纸大学学历证明？回想每个大学生在高中阶段的辛苦拼搏，心里只有一个美好的愿望：考上大学！至于考上大学以后该怎么做？考上大学以后该如何树立奋斗目标？他们并没有认真思考，也没有人告诉他们该怎么做。

到了大学，没有了高考的压力，青春张扬、活力四射，本该是发展兴趣爱好、自主学习、实现自我价值的大好时机，可是由于各种原因，部分学生到了大学后迷失自我，毫无目标地度过四年。等到毕业的时候，才发现和当初的愿望相差甚远。

　　每一个大学新生在报到的时候都有一个美好的愿望：充实度过大学四年时间。大学辅导员、任课教师在新生开学时也会讲到大学是另一个奋斗的开始。学生也明白雄关漫道真如铁，而今迈步从头越，可是，总会有少数学生缺乏切实可行的目标，缺少坚持的毅力，缺乏主动学习的劲头，以至于"温水煮青蛙"，慢慢耗掉了斗志。

　　从辅导员的角度来说，缺乏对每个学生的交流和行之有效的干预措施，以至于成为办事员、通讯员、材料员，而不能真正成为学生成长路上的指引者、生活路上的知心朋友，这也许是辅导员最大的失职！

（计算机与信息学院辅导员　李培森）

点　评

　　李老师在文中表达的遗憾和失落是令人沉重的。如果在新生进校时就能深入了解和交流，如果问题的苗头刚刚出现就能进行有效干预，如果能够督促学生每一个阶段的成长……也许就不会在这对师生身上发生这样的遗憾。我相信李老师的反思是真诚的。辅导员是学生的心灵鸡汤，不要忽略自己对学生影响的力量，要用爱心去教育、感化每一位学生。

真心帮扶　携手前行

2007年10月的一个晚上，我正在学生公寓8号楼值班。值班的过程中，我突然收到一条内容非常长的信息。由于当时我刚刚担任辅导员，对于这条信息，既好奇又担心。我认认真真地阅读完这条信息。原来是我带的班级中一个叫小蒋的学生发的。他是入校不久的大一新生，刚参加完军训。短信的大致内容是，他最近已经好几天连续失眠，整晚整晚地睡不着觉，白天无精打采，无心向学，精神马上要崩溃了，希望能从辅导员这寻求帮助，解决他内心的痛苦，希望辅导员能够帮他振作起来，享受大学的美好时光，顺利地完成大学学业。

经过找本人、班级同学谈话以及电话联系父母，在充分了解事实后，我进行了认真的分析：小蒋同学性格内向，高中阶段把大部分的精力放在学习上，与同学之间的交流与联系很少，在同学们的印象中，他是一个独来独往、性格孤僻的人。同学们也渐渐疏远了他。其实他内心也想与别人交往，但由于自卑，总是担心在与别人的交往过程中被人看不起或受到欺负。进入大学后，小蒋同学也憧憬着大学生活的美好，但发现事实却与想象的相差甚远，整天无所事事，胡思乱想，晚上失眠，白天"混沌"，感觉生活失去了意义。因此非常迷茫和困惑。

在了解这些情况后，我以大哥哥的身份经常与其聊天，努力走进他的内心世界，真正了解他的"疾苦"，采取各种有效措施帮他走出困境。我也积极向教育学院的老师请教一些常见心理问题解决的方法，并且帮助他分析大学生活和中学生活的区别，要求他结合自身实际，努力找准学习和生活的目标，并用自己的实际行动一步一步地去实现。

我还鼓励小蒋同学多与同学交流与联系，努力克服自卑心理；动员班干和宿舍的室友多鼓励他参加集体活动和学校、学院的一些比赛，充实自己的业余生活，并且告诉他在活动中能够广交朋友，培养活泼开朗的性格。

为能够及时观察他的变化，我特意安排他到我办公室从事勤工俭学，交付一些工作让他独立完成，完成后我也及时给予肯定和表扬，帮他树立自信心。我还要求小蒋的父母多与他联系和交流，多鼓励，多肯定，让他感受到家人的关心和家庭的温暖。

由于小蒋同学责任心非常强，为了让他有更多机会与班级同学接触和交流，我有意安排他担任班级的卫生委员，让工作充实他的生活。这样，他也能够在工作中加强与班级同学的沟通以及与老师之间的联系。

通过这些努力，小蒋同学变化非常大，他也意识到自身存在的问题，并有意识地去改变。大一期间，按照我的要求，他慢慢适应了大学的学习和生活，失眠的症状慢慢在减轻，精神面貌在不断改善，并结合自己的实际情况，确定了大学期间的奋斗目标。大二学年，他顺利地通过了大学英语四、六级考试，在班级的综合排名也有了很大的进步。大三、大四期间，他围绕确立的考研目标努力拼搏，在 2011 年，顺利考上了某高校的历史专业研究生。

（物理与电气工程学院辅导员　操龙德）

点　评

学生工作的阶段性特征明显。辅导员要善于发现、归纳这些特征，并做出有效的应对。在大一阶段，新生对大学环境的适应程度不同，表现出明显的差异性，外界的刺激和内心的敏感变化会对部分学生造成强烈的心理冲突。在这一时期，辅导员要细心观察，认真疏导，消除学生的焦虑感，使其尽快融入集体生活中。

从 "问题学生" 到 "考研明星"

高等院校是培养各类专业人才的基地。作为培养肩负未来建设使命的大学生的摇篮，高等院校的教育工作尤显重要。而与学生接触最多、了解最多的辅导员对学生健全品格的形成、正确人生观的确立，承担着重要的责任，发挥着重要的作用。

小唐同学是物理与电气工程学院学生，由文科基础考入安庆师范学院自动化专业。他进校时对工科学习较为吃力，感觉很难，曾自暴自弃，后经辅导员多次努力工作，毕业时以全校考研最高分被江苏大学录取。

小唐进校伊始，和许多同学一样，对学校学习和生活倍感茫然。他曾经很想努力改变自己，但理工科基础差，课堂内容听不懂，产生畏难情绪，学习也就没有了目标。正如鲁迅的小说《彷徨》所写的那样，在人生发展的道路上徘徊。

于是，我将他找来谈心。他告诉我因为学习上的失意，现在对大学生活和学习没有一点兴趣，所以沉溺于网络游戏。了解到这些，我告诉他在学习中偶尔的失意是很正常的，关键是不能轻言放弃，尤其是不能自己放弃自己。作为当代大学生，应该学会接受学习和生活中偶尔的失意，而不是放弃。

此后，我经常将他叫到办公室，真诚、耐心地与其沟通交流，帮助其端正学习态度。在学习上，我专门安排了同班的两名同学帮助他，从课堂笔记到课后作业对其进行全面的辅导，给他耐心地解答学习上的疑问。通过这些方式，给他营造良好的学习氛围。这也无形中加强了班级的学风建设，取得了良好的效果，同时带动了一批热心的同学帮助他，让他感受到集体的温暖。在近两个月的耐心开导与帮助下，小唐重新找回了自信，对学习充满了信心，不再沉溺于网络游戏，成绩也有了很大的起色。

经过了懵懂的大一，小唐进入了大二的生活。经历了大一的洗礼，小唐终于转变了态度，认识到大二很多的自由时间正是他奋发图强的最好时机。学校图书馆是同学们学习的最佳地点，小唐也利用闲暇时间在图书馆学习。虽然在图书馆看专业课相关书籍的时间微乎其微，但是他并没有浪费时间，而是学习自己感兴趣的知识，以扩大自己的知识面。

之所以说这是奋发的时间，是因为大学英语四、六级考试和全国计算机等级考试都在这时拉开了帷幕。英语的备考是一个长期的过程，要靠平时点点滴滴的积累。这是长久战，做起来很难，做到了就是胜利。小唐每天早上上课之前总是拿着单词背背，在临考前一个月听完了所有的历年真题听力，背诵了大量相关的作文范文。经过努力他一举拿下了这些考试。大二也是全国计算机等级考试的最佳时机。小唐报名参加了 C 语言考试，他利用大一的暑假自学了 C 语言考试所需的相关书籍。努力没有白费，付出总是会有回报的，一切都那么顺其自然，如其所愿。

大三对同学们来说面临这样一个严峻的选择：是考研还是工作。小唐毅然地选择了考研。针对他的实际情况，我建议他报考文科专业，因为小唐的文科基础很好，英语基础也不错。我还告诉他，考研复习过程中要讲究方法，弄清侧重点。

考研的准备是一个长期的过程，是一个毅力比拼的过程，当然也是实力的较量。它需要的是坚持和努力，半途而废是不可能成功的。小唐和同学们一起为考研而拼搏着。暑假期间，大家一起上辅导班、上自习。考研的生活无疑是枯燥而单调的，有的同学坚持了下来，有的同学中途退却了，而小唐却一直没有放弃。

一年的努力，一年的奋斗，都将在考场上检验成果。考研结束，大学的生活基本接近了尾声，这是一个收获的季节。成功是属于有准备的人的，付出努力了，终将会得到回报。小唐于 2010 年被江苏大学研究生院录取。

我深深地体会到，高等院校的教育工作中，辅导员工作有着很强的必要性和重要性。辅导员只有仔细分析每一位学生的个性特点，用真心去感化学生，才能把学生工作做好。付出自己的爱心与耐心必能换来学生的成长成才。深入、耐心地了解学生的真实情况，才能因材施教，才能取得较好的工作效果，同时也才能营造良好的工作氛围，从而在良好的工作氛围中做好学生工作。

（物理与电气工程学院辅导员　蒋立永）

点　评

育人是一个辛苦的过程，辅导员有不抛弃不放弃的决心，学生才能有坚持下去的勇气。蒋老师从大一到大四，用四年的时间关注、激励、帮助一个学生，需要的是爱心和耐心。针对学生的个性特点、兴趣特长做工作，必然会有良好的教育效果。

一个工科学生的求职小结

"小陶，我上次让你帮我要的授权书，搞好了没有？"

"没有，我明天回到杭州，把申请盖章表格填好后传到总部。"

"你明天回学校还是回杭州？"

"回杭州。"

"你回来了啊？回来就好，早点回来吧……"

"陆哥、夏哥、卢哥、邢总、冯雅姐、还有小朱和张夏姐，我明天就回杭州……"

我们公司的集体宿舍就在钱江三苑。每晚九点之后的风总是夹杂着淡淡的烤黄鱼的味道，那种味道亦如捧起茶杯喝一口之后茶过舌尖的感觉。从杭州辞职的前一天晚上，我收拾好行李，邀上陈哥和李经理一道吃烧烤，可惜那天的烧烤怎么吃也吃不出味道。在开玩笑地和他们说我要离开杭州回学校之后，我就记不得我们还说了些什么。那一刻，我只想早点离开杭州，哪怕多待一个晚上都是煎熬。第二天，我在办公室一边收拾桌子整理交接文件档案，一边等邢总回来。我打电话给邢总说我想回家，问他下午来不来办公室。他答应我说回办公室，可是我离开杭州那天，一直到了晚上，还没见到那个熟悉的背影……

印象中的西湖应该是远离城市，有点残破，带点沧桑，亦如那断桥应该残破不堪，受尽沧桑洗礼，让人一观之后自然呈现许仙和白娘子撑伞的场景。千年之前，白娘子等许仙为之报恩；千年之后，断桥观景有时光流逝之感。第一次走在断桥上，我失望至极，西湖竟如公园里的池塘。断桥不断，而西湖也不是桃花源中的世外之湖。除了那些快要倒塌的古树能证明西湖是有故事的之外，一切的一切都显得没有什么阅历，毫无历史的沧桑感。来杭州的第一个月就这样在杭州苏宁电器庆春店的无聊站柜中和下班后的游戏中度过了。三月的雨是思念的雨，缠绵持久。微波炉和洗衣机部门的浙江公司老总上任之后，人事就不停地变动。一代江山一代人，我是见不得离别的，我宁愿没来过这里，没有见过这些同事，虽然我们共事不久。再次走在西湖边，是和我在苏宁站柜后认识的女孩子一起散步。夜晚中，处在市中心的西湖有种迷离的感觉。我想我是在梦中的，七点钟音乐喷泉准时响起，贝多芬的交响曲在心底溅起阵阵水花。三月的我走遍杭州大大小小的门店，了解连锁卖场的情况以及公司的系统流程。

四月份是忙碌的。四月例会开完之后，我知道，这个月工作很重要很紧急。"五一"对做销售的来说是个节点，做好节点前的准备工作，其重要性不言而喻。我是市场部的，微波炉浙江生活电器事业部是年初成立的，那时合肥三洋总部招业务员，我就投了简历……

1月13日上午最后一门考试之后，我显得异常兴奋。留下空空的床铺，告诉自己要长大，然后在朋友的送行下离开学校，转向三洋。

坐在出租车里，那时的我是什么表情？回忆像是醉酒后的人，我已记不清楚，大概是发着呆的吧。

合肥荣事达三洋电器股份有限公司属于耐用品家电行业，我应聘的岗位是微波炉的业务。大步地踏入合肥三洋，之后却像是走在街上的小孩子似的跟着引路的人，穿过一条走廊上了三楼，先右转再左转沿着过道进入会议厅去面试。这条路也是后来在总部培训的日子里，经常要走的路。

主考官拿着几页考题，然后再一一问过，回答之后再打分，印象中的面试大抵如此。临行前除了上网百度了解一下公司的简介和发展史外没有任何准备，等到面试时我只能不停地回忆《上班这点事》中的面试情形，并祈祷哪位佛可以帮我一把，回头我一定顶礼膜拜一番。给我面试的是年纪三十岁左右的中年人，后来我才知道那是我们的人力主管（我们实习期内都由人力资源部发薪水）。手上没有我脑海中的长卷，也没有想象中的评审团，更没有关于对公司、对该行业的看法的考题。

四月的忙碌生活有压力。这压力并不是有人责难我的工作，而是为自己未能处理好这些工作而发愁。大家都在努力，五月前的活动像是夏天的野草疯似的增长，每个人都显得很疲惫。五月的例会在5月4日举行，我等不及了。

5月4日我已经从杭州回到家。邢总在开会，会议纪要和准备工作都是我的工作，谁来做我不关心，我只想逃到家里看看家人，回到学校继续闲散烂漫。我是任性的孩子也是个不懂责任的孩子，我想回到平淡没有压力的生活。

5月12日总部召开分公司经理会议。我在合肥，和死党吃完晚饭后，收到了邢总的短信。我想我应该和邢总见一面。两淮豪生大酒店的电子屏幕上找到会议地点后，就奔到会议大厅。总部的领导都是开会的能手，晚上十二点了还在开会。我坐在沙发上，想着待会见面邢总会说些什么，不知不觉就睡着了。凌晨两点服务员把我叫醒。会议结束，我低着头跟着邢总一直到他的房间，"你在学校感觉怎么样，在杭州感觉怎么样，你想要哪种生活？"我没有回答邢总的问话，自顾自地说了一句："不管怎么样，我只想把心放平。""年轻就要多磨练，回公司好好磨练，什么时候回来？"邢总说过之后就催我去洗澡，夜晚三点难入眠。

现在，我坐在电脑前写下这段时间的些许感觉和回忆，没有饭局，也没有量贩KTV和酒吧的DJ。并不是说我在杭州没有经历这些，只是我觉得那些和我的市场工作"无关"。放松是重要的，酒吧和KTV可以放松，饭局依然是工作，这份工作大多数人都会。变得世故好不好，我不知道，懂点人情总是好的。明天我就要回到杭州，临行前送自己一句话：在哪里跌倒在哪里爬起！路是自己走的，没有人可以替你走！

以上是我在小陶同学 QQ 空间里看到的文字。小陶是我带的自动化专业 2012 届的学生。以上文字写的是他在合肥荣事达三洋电器股份有限公司杭州分部的求职经历。为保证真实反映该生求职的心路历程和写作时的思绪轨迹，以上文字仅做了语句通顺方面的个别修改。

说实话，刚开始看到这段文字，我很惊讶一个工科学生能写出这么优美的文字，表达出这么丰富的感情。也许，只有写出自己的真情实感，才能打动别人吧。惊讶之余，我又陷入了深深的思考。在这段文字中，我读出了一个即将毕业的大学生对于求职、就业的努力、逃避、感悟以及困惑，也由此引发了我对于在校大学生就业创业能力培养的思考。

（1）就业能力的培养应从低年级开始规划，大四重点做些入职前适应能力的培训。小陶性格比较内向，人际交往能力也较弱，在他写的文字里，能看出他对求职过程中人际交往问题的思考，而且表现出一种淡淡的不自信。要从学生的角度出发，多做思想工作，克服畏难情绪，正确认识自己。

（2）加强学生抗挫折能力的培养。

（3）职业生涯规划不是仅仅几节课就能够解决的问题，它具有个性化、开放性的特点，因此，需要我们在共性问题指导的基础上，做到个性化的指导和持续不断的关注。

（4）工科专业的实习对于学生求职的作用是至关重要的。小陶同学应聘的是市场部的工作，对于一个工科学生来说，不是一个具备自身核心竞争力的岗位。因此，只有从事与个人专业核心能力相关的岗位，个人在企业的地位才会更加巩固。

（物理与电气工程学院辅导员　蒋立永）

点　评

　　读到这篇案例中小陶同学在网络空间里的求职小结，仿佛小陶同学就坐在我的面前，娓娓道来。不管是工科生还是文科生，不管文字是否优美，人的心理、情感都是一样丰富复杂的。职业是个人满足自身需求的媒介，每个大学生都会面临着求职的问题，无法逃避。从求职小结中可以看出，小陶同学在求职过程中没有明确的目标和强烈的愿望，甚至还能看出他在逃避就业过程中的压力。许多学生在上了大学之后，没有明确的奋斗目标，缺乏自我规划的能力，目标意识淡薄。因此，辅导员应从大学生入学时起，指导他们客观认识自我，充分挖掘自我潜能，明确自身优势和劣势，分析客观环境，准确进行自我定位，科学指导职业生涯规划，并督促学生认真实施。蒋老师总结的第三点很好，职业生涯规划具有很强的个性化特征，因此还需要辅导员有强烈的责任心和足够的耐心，做到因材施教、有的放矢。这样，职业生涯规划才有实在的效果。

学生退学倾向的发现与帮扶策略

2013年4月底，我所带班级的一个班长到我办公室汇报班级情况："老师，冯同学已经连续三天没来教室上课，总是待在宿舍。我去找他，问他怎么了，他也不说话。就算来上课，也是无精打采的样子。听一会儿，就不声不响地走了。老师，您看怎么办？"听完他所说的情况，我立即放下手中的工作，直奔冯同学的宿舍。来到宿舍，就看到他一个人躺在床上，眼睛直视着天花板，面无表情。看到他的样子，我问道："冯同学，怎么了？哪里不舒服吗？跟老师说说。"他显然是一副未睡醒的状态。考虑到宿舍不适合聊天，于是我就对他说："晚上来我办公室聊聊吧。"

晚上，冯同学如约来到我的办公室。我的内心一阵喜悦，他能来，说明事情在向好的方向发展。"冯同学，最近是身体不舒服，还是心情不好啊？"我问道。一开始他什么都不说，五分钟之后，他说都不是，并且很认真地说："老师，我就是不想上学了，上课听不懂，考试也不会，上学期期末考试挂了两门课。我肯定撑不到毕业的，还是早点退学回家，随便找个工作得了。"

他的回答让我很惊讶。我说："考上大学多不容易，现在回家太可惜了。挂了两门课，以后更要好好学。"随着聊天的深入，我发现他想退学的原因还有很多。冯同学住的是组合宿舍，和大部分同班同学不在一个楼层，有时候作息时间难免不能和自己同楼层的同学同步。冯同学还喜欢玩网络游戏和看小说。据他说，几乎每天晚上都看小说，直到凌晨四五点。这样一来，第二天根本就没办法去教室上课。另外，我还了解到，大学过了一年了，身边的同学谈恋爱了，很少待在宿舍，这样冯同学一个人待在宿舍的时间就多了。就这样，从每天旷一两节课，发展为连续几天不去上课了。我就劝他："首先你必须上课，不上课难免影响成绩。到了教室，要认真听课，记笔记。这样期末考试才不会挂科。至于看小说，要合理安排时间，闲暇时也可以玩一玩游戏，但是不能太痴迷了。"就这样，我们谈了很多，送他到宿舍楼下，我们的谈话才结束。

谈话虽然结束了，但是我的工作才刚刚开始。我安排同学对冯同学进行轮流"看护"，一起上课，一起吃饭等。与家长沟通，详细了解在家的情况，让家长经常与冯同学电话联系，关心他的学习和生活，让他感受到远方家长的牵挂。经过两方面的工作，冯同学的状态有所好转。第一次谈话后，我又连续找了几次，和他聊天。冯同学虽然性格有些孤僻，但是学习基础很好。我也列举一些其他情况类似的学生走出困境的成功案例，帮助他重新找回学习和生活的目标，回归正常的大学生活的轨道。在班级和学院举行各种活动时，我和同学们都积极鼓励冯同学参加。终于，冯同学渐渐融入到这个班集体中。

冯同学的状况虽有好转，但是期末考试成绩还不是很理想。然而，在剩下的在校三年时间里，我有信心与他一起进步。

通过这件事情，我总结了几条经验。

（1）辅导员要及时发现学生出现的问题，快速联系家长，做到学校、家长、学生合力解决问题，使学生从学习的困境中一步步走出来，拥抱崭新的生活。

（2）对于"问题学生"，如果仅仅只是解决在校期间的问题，是远远不够的。辅导员要及时找出学生心理问题的症结所在，才能帮助学生健康生活，以更好的姿态走向社会。

（3）成功的教育，是要使"问题学生"真正融入正常的学习、生活中，从失败的经历中获得成长的经验，不断进取，增进生命的价值，实现快乐成功的人生。

（4）学校可以建立学业困难心理咨询中心，配备专业的心理咨询教师。这样可以更好地解决学生学业困难、厌学问题。

（5）厌学问题的解决，仅仅依靠学校是不够的，离不开学校教育和家庭教育的共同努力。如何让学校教育和家庭教育形成巨大的合力以帮助学生，也是值得探讨研究的。

（资源环境学院辅导员　刘　美）

点　评

对于厌学的学生，关键是要找到厌学的原因。本案例中的这位同学由于学业困难而失去信心，辅导员可以和授课教师一起商量对策，担当起知识引领者和心理辅导顾问的角色，确保对学生负责，并作出正确的评价。所以，教育合力的形成离不开各种教育力量的沟通与协作，按照最有利于学生成长的目标去整合教育资源，这是学校的义务。

大学生厌学现象分析

在我所带的学生中，有位小吴同学，个性低调，自尊心极强，渴望被关注，自控能力较差。初入大学时表现积极，干劲十足，因此很快进入了院学生会。但是进入学生会后，由于日常活动日渐增多、对课程不感兴趣等因素，小吴渐渐产生了比较严重的厌学情绪，常常旷课，课堂作业也无法独立完成。在大一学年结束时，险些挂科的成绩并没有促使他产生转变，相反却使他更加厌恶学习，旷课次数越来越多，导致成绩越来越差。大二第一学期，小吴已经有四门课程补考。在成绩一路下滑的同时，小吴在学生会的工作态度也越来越差，最终学习、工作两方面都没有获得预想的成功。除此之外，小吴过于内向的个性，导致其人际关系也不是很好。

厌学情绪在当今一些大学生中较为普遍，产生的原因是多种多样的，主要是有以下几个方面。

（1）自控能力弱。学生厌学情绪的产生，主要是由于学生自制力较弱，常常容易受到情绪和外界环境的干扰，自己想做的事做不了，制订的计划无法完成，或者容易随时间推移和困难增多而动摇自己的决心。表现为：在学习上消极应付，敷衍了事；在工作上丧失上进心，得过且过；在生活中缺乏毅力和耐性。

（2）缺乏人生目标与规划。现在，不少大学生进了大学后存在一种满足感，缺乏远大的志向。他们认为自己好不容易挤过独木桥，成为高考激烈竞争中的胜利者，进了大学，应该将高中刻苦学习中损失的乐趣夺回来，该松口气、歇一歇了。在这种心理的支配下，成才欲望淡漠，放松了自我要求，大学生活缺乏目标与规划，学习缺乏动力，厌学情绪的产生也就不足为奇了。

（3）对大学学习、生活的不适应。在进入大学后，大学的学习和生活环境与初中、高中相比，发生了很大的变化，难免会有些不适应。大学生只有积极地适应大学生活，才能更好地在大学学习与生活。因为大学生进入大学后，不再是一个人生活，不仅要和同宿舍的同学相互协调，保持良好的室友关系，同时还要与同学以及老师建立良好的人际关系。要懂得与人相处的方法、技巧，不能仅凭自己的好恶决定与什么样的人交往。在确保与人交往得当的同时，还要在学习上做出合理的计划和安排，因为在大学不再有老师天天检查学生的学习进度，一切都靠自主安排与自觉行为。

（4）理想与现实的冲突。那些自尊心较强的大学生，通常对自己有很高的自我认定。而像小吴这样自尊心极强的大学生，进入大学后才发现，现实的大学中会有许多比自己优秀的人。这种现实经常会极大地打击这一类大学生的自尊心。另外，由于社会经验的缺乏，发现不但自己远非想象的那样出色，现实也远非自己所想象的那样简单，由此可能引发心理上的许多冲突，常常会对现实感到不满。由于对个人价值的过分看重，在成绩下降之后，难免对自己的能力产生强烈的质疑，进而产生自暴自弃的情绪。

（5）人际交往能力不足以及他人的影响。比起中学生，大学生的人际交往更广泛、更复杂，更具社会性和独立性。在进入大学后，由于其自我评价过高，再加上自尊心与自我表现欲极强，所以在看问题时常常以自我为中心，自私偏激与自负傲慢便成了人际交往中难免的问题。这也反过来影响其在集体里继续生活的兴趣，进而影响其参加集体课堂学习的兴趣。另外，受其交往的一部分人的影响，一些像小吴这样的学生误认为即使在大学努力学习，毕业后也难找到自己满意的工作。这也使得其觉得学习无用，这种对待学习的态度显然会影响其学习的积极性。

为了避免厌学情绪的滋生、蔓延，作为学生可以从以下几个方面努力。

（1）加强自我约束力，树立人生目标。加强自我约束力是一个比较复杂的过程，不是一朝一夕能够完成的。但是，可以做到的是，首先树立这样的意识：一步一步减少自己的上网时间与娱乐时间，恢复正常的作息时间，否则自制力会越来越差。其次，制订切实可行的人生目标，这样才有努力的方向，为着目标不懈努力。

（2）做出正确的自我评价，正确地看待现实世界。每个人都不是完美的，任何一个人也不可能事事都成功。即使优秀的人，也会有失败的时候，这是生活对你的考验。你需要做的应该是从失败中汲取教训，督促自己继续前进，并做出正确的自我评价。另外，不能因为现实世界中的不尽如人意之处而消磨自己的斗志，更不能因为这些因素而改变自己的价值观取向，应该有正确的价值观。

学校和辅导员可以在以下方面做出努力。

（1）加强学校师资力量的建设。对教师进行定期培训，提高教师的教学方法，让更多的优秀教师进行公开课教学，帮助更多教师进步。

（2）开展学业生涯教育。入学时，有针对性地让学生了解大学教育的价值和意义，各专业也必须及时、详尽地对本专业学生介绍专业课程的设计意义和应用方向。

（3）加强学风和师德建设。通过学风建设，使学生树立好良好的价值观和人生观；通过师德建设，为学生树立良好的榜样。

（4）加强对学生的人文关怀，正确对待基础薄弱学生。这就要求高校辅导员要多渠道提高自身素质，缓解学生的心理压力，对学生进行理想目标教育，加强对学生的人文关怀。

（5）建立良好的校园文化环境，使学生认同学校，形成归属感。通过一些学生社团开展丰富多彩的文体活动，营造积极向上的文化氛围，让学生的才能得到充分发挥，让学生的身心得到健康发展。最终，这种校园主流文化的向心力将凝聚学生，影响学生群体的舆论导向。

（6）加强教师和学生的联系，让教师来引领和帮助学生成长，让教师成为学生生命中的导航者。

（教育学院辅导员　唐凤霞）

点　评

　　学生萌生厌学情绪，会有多方面的诱因。辅导员应在密切接触学生的过程中，准确掌握具体情况，综合采取疏导办法，有效解决实际问题。本案例中，这位同学在处理学习与工作的关系方面出现了问题。"两不误"的重点在于分清轻重缓急，合理安排时间和精力。辅导员要尽早介入进行引导，给予提醒。学业是基础，如果不能兼顾应学会合理放弃。

一个"问题学生"

晚上，忙完一天的工作，我打开电脑，随意浏览网页，一篇关于"90后怎么了"的帖子映入眼帘，引起了我的注意。一是因为我所带的班级学生都是90后，二是我也曾写过关于90后的文章，对此颇有研究。时光流逝，我们渐渐长大，当年我是80后的一群，如今成为一群90后的辅导员。

初次见到J，是2009年的9月。算不上阳光，算不上帅气，衣着并不显时尚，笑起来眼睛眯成了一条缝，脸上的美丽青春疙瘩痘让我觉得他是个十足的大男孩，一口乡音，让我觉得很是亲切。

军训 军训是大学的第一堂课，也是重要的一堂课，可以磨练意志，砥砺品质。军训对于班风建设、对于学生的个人成长都显得十分重要。J三番五次地请假，告诉我他的鼻炎不适合军训，请假次数多了，我开始对此有所怀疑。一次检查中，J竟然待在宿舍没来训练场地。当同学打电话喊他来时，他还振振有词："我在宿舍学习英语，环境比训练场强多了。"一时，我竟然无语。在他身上，我能够看到他的机智和青春的叛逆。我说，按照军训规定，免训必须要有校医院签字盖章的病历，并且经过辅导员同意才行的，如果确实身体不适要求休息，也必须在军训场地观训。

上课 通过了解，我知道J平时经常旷课，甚至一些非常重要的专业课也不去上，要么待在宿舍睡觉，要么逃课去外地见女朋友。于是，我决定找他好好谈谈。

J来到了办公室，理直气壮。

"我的理想是做一名心理学家，我喜欢应用心理学专业，这个专业也是我自己填报的，我有我自己的想法。呃，我还准备考研……"

"连专业课都不上，谈什么理想?!"

"有些老师上的课太无聊了，就是浪费时间，还不如我自己去看书！与考研不相关的课我也不想上。我这人就不喜欢被束缚，不是说大学很自由吗，不用人管吗?"

"我是你的辅导员，当然得帮助你成长，这是我的责任和义务，再说学校有学校的纪律。自由是相对的，没有绝对的自由，学生的天职就应该是学习，就不应该逃课！如果你再这样，我真的是没办法管你了。"

"老师，那你就不要管我了！"

"那怎么行，我不能放弃我们班级的每一个人。学校是一个大课堂，你必须规范自己的行为，以后才能更好地适应社会。更何况路是你自己选择的，这些老师的课对你今后的学习是有帮助的，你怎么能任着性子来，想上就上，不想上就不上呢？你已经是成人了，应该懂事了！"

那次谈话后，我让他写检查。他为了应付我写了几行字，保证以后不旷课。他的字写得非常隽秀、工整。我从侧面了解到，他的知识面很广，是个很有才气的孩子。

活动　院里组织辩论赛，选出优秀参赛队员代表学院参加学校的比赛，我推荐了J。没想到，他去了两次就放弃了。

"敬敷源"晚会是教育学院的一项学生品牌活动。在一个朗诵的节目上，我看到了J的身影。他的普通话不错，我觉得这个领诵的角色很适合他。看到他，我心里掠过一丝欣慰，希望通过这些活动他能快点成长起来。然而彩排了三次，他就无缘无故的不来了。

谎言　J向我保证，这学期不再请假了。可如今，又要请假三天，而且人未到场，是发短信告知的。于是，我打电话给他，让他父母打电话给我来证实。他竟然骗我，找了一名同学冒充他的妈妈打电话来请假敷衍。我还没问两句，那名女生就急忙挂了电话。我打电话批评他，这太不像一个大学生所为了，这是品质的问题。他发来一条短信，说我平时高高在上，这么做是为了警告我。当时的我，觉得自己为他所做的一切都付之一炬了。我气得哭了，感觉很受伤。

当天晚上，他妈妈打来电话，和我聊了半个小时，说他小时候的事情、他的任性，希望得到我的理解和原谅，她一定会好好地教育 J；他这次请假是因为他的表哥从国外回来，他想和他表哥聊聊……我顿时傻眼了，这和 J 白天向我请假的理由完全是两个版本。J 不是说要去大医院检查身体吗？我不知道该相信谁。最后，我还是批准了，可怜天下父母心啊！

第二天，J 递给我请假条，非常"罕见"地主动承认了错误，告诉我他妈妈所说的是真的，说谎是怕我不同意他请假，又不想让他妈妈打电话给我，怕我把他在学校的不良表现告诉他妈妈，才出此下策的。

感触　大一学年里，J 经常旷课、迟到、早退。其实这半年多，我原谅了他很多次，让他写检讨书，每次他都保证得很好，我也相信了。但这个孩子太不懂事，每次都忘了自己的保证，犯这样那样的错。每次在批评他的时候，我也总是鼓励他，提提他的长处，希望能增进彼此的情感，拉近距离，以便更好地交流和帮助他成长。但一次次的失望，真的让我欲哭无泪。我在想，怎样去爱一个学生，是护他的短处，还是让他栽个跟头，长点记性？我所要求的，其实只是一个大学生应该做到的。但他反而越走越远，长此以往，岂不是害了他?！这是我工作六年来，第一次遇到这样的学生。

改变　通过我对 J 一年的观察，90 后的他，字写得不错，歌唱得还行，但做事没什么长性；遇到阻碍了，就想放弃；没有团队合作精神；知识面较广，但有些自以为是，眼高手低，好高骛远。

J 仍有旷课现象，但次数明显少多了。我曾经想过怎样处分他，或者是用最后的杀手锏，请他的父母来学校一趟，然后领他回家。但同时我也知道，对于 90 后的这群孩子，辅导员要有灵活的教育机智，学会因势利导。

我开始有意识地关注他，在班会上还会就他近期的表现来表扬他。某同学把我的博客地址给了他，上面有一篇写他的博客"一个问题学生"。他看了之后和那位同学说，他慢慢地理解了我的良苦用心。和我聊天时，他不再那么生硬和执拗。他告诉我，他的目标是出国留学，为此他会好好学习，好好看书。

九月份，他没有旷课，我很高兴。

收获 J真的开始变得成熟起来。来到办公室，他坦然地递上请假条，告诉我他在家乡报了驾校，想利用"十一"假期回去一趟。他的眼神告诉我，这次他没有欺骗我。我正要开口，他补充道："我会让我妈妈给您打个电话！"

"你这次倒是反应很快啊。"我们会心一笑，我知道他明白我的意思。

"我知道恶性循环的坏处。一次错了就够了，不能步步都错啊，吃一堑，长一智啊！"他笑了。

"马上就要英语四级考试了，心理咨询师三级考试也要报名了，你报吗？"

"老师，您放心，我天天都在看英语，已经准备得差不多了，在大学里该考的证书我一张都不会落下。"

"回家的路上注意安全。"

（教育学院辅导员 徐 颖）

点 评

面对个性多元化的学生，辅导员唯有与时俱进，方能和他们"斗智斗勇"。但无论方法、手段、策略如何别出心裁，其本质源于育人的良心和责任。辅导员工作也是良心工程，有独特的价值要求和理论边界。即使失望过、伤心过、愤怒过，对于自己的学生依然要伸出手，拉一把，把他送到希望的彼岸。

抓好三方面　学习和工作两不误

大学生活该如何度过？这是很多大一新生都有的困惑。有的大学生"两耳不闻窗外事，一心只读圣贤书"；有的大学生把大学人生变成"大混人生"；有的大学生因忙碌于各种学生工作和社团活动，而疏忽了学业，当好了"干部"角色，却忘了"学生"身份；还有一些大学生，则能够妥善处理好学习与课外活动的关系，做到"鱼"与"熊掌"兼得，度过了丰富多彩的大学生活。无疑，最后一种大学生活才是最值得提倡的。

2012年9月，我成为2012级园林专业新生的辅导员。新生刚进入大学，对学校规章制度等各方面都很陌生，对大学环境、大学生活存在不适应之处，所以这一年的主要工作是对大学新生的学习情况、课余生活、心理状态等方面进行深入了解。我给他们每人布置了一项任务，就是写写新学期的学习计划。大家也都很配合，很快交上来一叠计划书。我翻阅后，发现有个共同的计划就是"一定要到学生会干干"。对于这一点我给予了肯定，指出大学生活不同于高中生活，应该在完成学习任务的同时积极参加社团等活动，锻炼自己。

很快，班上有一些学生在学院学生会招新活动中成功成为学生会一员。从此，他们整天忙于各种学生活动，有时会向我请假，理由是上课时间和学生会的某项工作有冲突。我没有同意，再三强调要以学习为主。但是后来发现有个别学生还是"翘课"去做学生会的工作。

为了及时遏制这种情况，我召开了主题班会，让大家讨论如何处理大学里的个人学习与学生工作的关系。不少学生都认为，在大学里，仅仅学习好，其他能力不行，也得不到大家的认可。也有学生认为，大学中学习仍是第一位。

在仔细听取了他们的发言后，我说出了自己的看法。读书学习与实践活动都不可或缺，而且要做到学以致用，从这个意义上讲，实践能力更为重要。但是，为了减少在以后工作中出现"书到用时方恨少"的遗憾，为了在实践中"行"得更远，要把学习放在第一位，充分利用大学资源掌握扎实的专业知识，同时，有选择性地参加一些社团等活动。这无疑是大学生最明智的选择。学生干部由于承担了许多学生工作，学习时间难免受到挤压，在这种情况下，更应该学会学习、学会选择、学会生活，努力平衡学习与工作之间的关系，争取成为其他同学的表率。我建议学生干部从以下三个方面进行调整。

（1）明确自己的角色定位，学会学习。学生干部，首先是学生，其次才是"干部"，不能本末倒置。学生的天职是学习，大学生更是如此，不仅应获得学历，更应提高"学力"——学习的能力。事实表明，学习好、学力强的学生干部在开展学生工作时才会有更高的威信和更强的影响力。而且，这种学习的能力不仅是大学生毕业求职的敲门砖，还将成为今后职业生涯发展的"秘密武器"。

（2）了解自己的志趣特长，学会选择。由于时间和精力有限，面对繁重的学生工作或令人眼花缭乱的课外活动，应学会取舍，根据自己的兴趣特长和职业取向，把精力投入到有限的活动中，然后全力以赴去做好。这既能达到锻炼自己的目的，也能增强成就感和自信心，同时，这也是学生干部综合能力与素质的重要体现。

（3）管理好自己的时间，学会生活。大学里要开始独立生活，因此学会如何生活十分必要。只有管理好自己的时间，才能更高效地学习和工作，做到劳逸结合，提高生活品质。学生干部更要合理地分配时间，不能因为工作忙而影响学习，更不能因为工作忙而放松对学习的高标准要求。凡因工作而耽误的功课必须及时补回来。

学生听完后，表示以后会合理协调好学习和工作的关系，制订好计划，管理好自己的时间。当部分学习时间被工作占用时，会充分利用自己的空余时间来学习，在不耽误学习的基础上完成学生会的各项工作。

作为学生干部，在从事学生工作的过程中，能不断提高自身素质和实际工作能力，不断提高分析问题、解决问题的综合能力，这不仅不会影响专业知识的学习，反过来还能促进学习。因为，学生干部的社会工作是一个学习锻炼的过程，是分析问题、解决问题、能力提高的过程，有利于调整自己的知识结构，求得良好的学习方法，促使自身对专业知识的学习。

在学习上，要讲究学习方法，苦干加巧干。要科学合理地安排自己的作息时间，最重要的是严格去遵守，在讲求效益上下功夫。

对学生，尤其是学生干部，我提出以下几点要求。

（1）学习是第一位的，工作是第二位的。

（2）掌握正确的学习方法与技巧，努力提高学习效率。上课要专心，作业要按时完成，学习上遇到疑难问题要及时请教老师和同学，千万不要敷衍。

（3）科学合理地安排好自己的业余时间，充分利用星期五晚上以及周末两天的时间来看书学习。

（4）分清工作主次和轻重缓急，注意依靠同学和调动其他学生干部的积极性，努力提高工作效率。

（5）认真履行自己的工作职责，积极奉献，多办实事，勇于创新。

对于学生干部来说，要边工作边学习，真正做到学习、工作两不误，必须要有科学的工作方法和学习方法作保证，最重要的是提高工作和学习的效率。要珍惜时间，用最短的时间完成工作，从而利用更多的时间学习；学习的时候要专心致志，否则会顾此失彼。

（生命科学学院辅导员　丁元春）

点　评

　　学生能意识到知识和能力的重要性，这点非常好。辅导员要充分肯定这种认识，并帮助学生搭建实践平台，让他们在实践中发挥自己的优势特长，提高自身素质和综合能力。学习和工作不是必然对立，而是融会贯通、彼此俱进的两方面。辅导员要善于挖掘学生的潜能，指导他们在学中做、做中学，走学思结合、知行合一的成长路线。

我不因你的平凡而放弃

作为一名年轻的辅导员，我本着对学生负责的态度，从事日常的工作。学风、班风以及舍风建设，便是我的中心工作。一个班级优良学风的形成不是一蹴而就的，要通过长期的培养慢慢形成。每次主题班会，学风问题是我必讲的重要内容。在学风建设方面，我针对学习成绩的差异，在各班开展了"以好帮差、带动全体"的一帮一学习活动，从整体上带动全班的学习气氛。在班风建设方面，我一直将学生干部的培养作为工作的重点，主张班干部在实践中锻炼，在工作中学习，在学习中工作。在舍风建设方面，我鼓励寝室长发挥其战斗堡垒作用，通过开展一系列的活动凝聚宿舍的向心力，营造良好的氛围，使每个学生都有"宿舍是我家"的意识，都有与宿舍共荣辱的观念。

他，却是个例外。他给我的印象很深刻，有时甚至让人哭笑不得，可是他的转变却令我感到十分欣慰。可以说，他完成了一个从自暴自弃的"差生"到积极上进、勇于奋斗的"优等生"的华丽转变！

班级中的他，总是坐在最后一排，因为这样便于上课睡觉。上课不听讲是常有之事。有时上课被提问，他只是站起来抓抓耳朵，挠挠腮，一概不知。下课也不与同学们交谈。在班级如此，在宿舍亦是如此。上完课，回宿舍就是睡觉，不关心宿舍的任何事，就像宿舍没有他一样。久而久之，他的室友们也就不关注他了。他还异常迷恋网络游戏，经常泡网吧，甚至多次在网吧包夜。这样一来，大家都感觉他是个"怪人"。

一开始，我并没有太注意他。直到那次评定助学金时，我才意识到他内心深处的寒冷。在大多数的孩子享受父爱关怀时，他却只能在思念中想象父亲的模样了。在得知这一情况后，我和他进行了一次面对面的谈话。

"老师，找我有事吗？"

"没事啊，我们一起聊聊天吧。"

"噢。"

"我看了你的助学金申请表，也知道了一些你的家庭情况。"

他沉默不言，只是默默地低着头。接着，我一个人说了许多，而他始终沉默。

最后，他说："我没有未来，我的未来就是一个梦！"

就这样，我们结束了第一次面对面的谈话。

我知道，一次谈话不会改变太多，但至少让他知道我不因他的平凡而放弃。于是我更加关注他。

他和班长住在同一个宿舍。我交代班长，要时刻注意他的举动，并在生活上多加关心，让他感受生活的温暖。至于他对网络游戏的迷恋，我好多次在网吧把他叫回来。最初几次，他还有点愤怒，慢慢地，态度就缓和了。也许，他感悟到了什么。

就这样，一次次谈话、一次次从网吧抓他回宿舍、一次次教育，终于功夫不负有心人，转变开始慢慢发生了！上课，他还是坐在最后一排，但是已经在认真听讲；下课还在教室，但是他在和同学交流；放学还是回宿舍，但是他不是睡觉，而是参与到室友的活动中去。大一上学期，由于学习不努力，他挂科了，可是大一下学期期末考试，他没有一门不及格。

在这件事中，我感到欣慰，同时我也有所启发。关注平凡的学生，他们同样会成功，他们的人生也会光彩夺目！辅导员就是他们人生路上的指明灯，在他们迷茫时，为他们指明方向。要有一颗对学生负责的心，我们不仅仅是老师，更应该是学生值得信赖的朋友，是学生心灵的港湾。

作为辅导员，我们在工作中会遇到很多困难，但是，我们要迎难而上，要让畏惧靠边儿站，努力努力再努力。在处理学生问题时要心平气和，做到统筹兼顾，既不能违反学校的规章制度，又不能伤害学生的自尊。细节决定成败，要注重每件事的细节问题。最重要的是要做到——我不因你的平凡而放弃！

（生命科学学院辅导员　穆　丹）

点　评

每个人的心中都有一块柔软的地方，只不过被一层厚厚的铠甲遮盖了。辅导员要用爱心和耐心让"问题学生"自己敞开心灵柔软的部分。有一路的呵护、信任和尊重，必然会迎来云开日出的时候。

做学生思想的同行者

高校辅导员是与大学生关系最紧密、对学生情况了解最广泛、最深入的工作者。作为一名入职才一年的专职辅导员来说，我感觉肩上的担子很重。在这一年里，我遇到了多种问题，也慢慢摸索出一些工作方法和技巧。

现今，大学生中存在的一个较为引人注目的问题就是心理健康问题。因为刚入学，部分学生由于高考前长期的学习压力，存在着厌学心理，入学后出现旷课、不交作业、不认真备考的现象。大多数学生经过一段时间的适应，能进行自我调整，但也有少数学生在第一学期期末考试中就出现了异常。

考试开始前，一位专业课教师对我说，有一名学生不交作业，长此以往，该生就没有平时成绩，只能让他补考了。我马上拨打这个学生的电话，开始没人接，打到第三次，电话终于接通了。"你在哪？""我在买饭吃呢。"刚开始，他有些不耐烦。我在强调了交作业的重要性之后，结束了通话。

考试结束后，有监考教师告诉我，他缺考了。之前，我以为他只是不太爱学习，现在我意识到，需要立刻跟他深入沟通，尽早了解缘由。

他说，不交作业是因为他觉得抄作业没意思，但自己又不会做；本学期学习情况不太好，是因为宿舍环境比较嘈杂，自习教室里上自习的人不多，学习氛围不浓厚，所以经常在网上玩游戏；想跟同学交好，但还没遇到能聊得来的朋友。高中时期也大多是独来独往，没有太多交朋友的经验。而且，自己家庭出身一般，自身条件一般，对未来有点迷茫。

了解到这些情况后，我尝试着根据他的情况和心理状态进行开导，告诉他："如果你的大学时光大部分时间都是上网玩游戏，就是在浪费自己的青春，专业没学好，其他知识和技能也没学到。要学会自我调控，主动寻找安静的学习环境，不要苛求环境为你而变。应该学会多与同学交流。家庭能够给予你的帮助虽有限，但我们身边家庭出身一般却获得成功的例子比比皆是。天才总是少数，就算是天才，不努力学习也同样不能获得成功。"最后，我说："今天我们聊了这么多，你愿意的话，从今天起我们就是朋友了，你需要朋友的时候随时找我。"

此次谈话的效果良好。他表示以后的考试不会缺考，会尝试调整自己的状态，愿意与辅导员交朋友，有需要时会第一时间找辅导员。

此后的各种考试，他都参加了。但有一场，他只在卷子上简单填写了一些空格，开场后十分钟便交卷了。他的表现让监考教师有所警惕，于是翻看了试卷后附的草稿纸。稿纸上断断续续地写了些随笔，大致内容是：内心矛盾，理想和现实的差距大，对社会的一些不满等。于是，考试结束后，监考教师把情况如实向我反映。

解决问题得找到根源，特别是心理根源。之前的谈话虽然有些效果，但还不够深入。于是，我请这位学生喝茶，在他喜欢的安静的环境中，以朋友聊天的方式开始我们的谈话。

为了缓解他略显紧张的情绪，也为了缓和气氛，我开始述说发生在自己和朋友身上的事情。聊了一会我便停顿下来。他说："继续讲吧，我喜欢听您讲故事。"于是我根据实例再深入剖析，并且列举了身边一些成长在农村却事业有成的同学的事例。他听得很认真，渐渐地，话语也多了起来。针对他本人的心理疑虑，我建议他学好专业，做好考研准备，遵守校纪、班规，尝试与同学进行更多的交流，提高自身综合素质，在学习之余发展自己的爱好和专长。此外，我鼓励他要勇于面对困难，才能收获成功。

谈话结束时，他表示喜欢跟我聊天，因为我不像他初高中阶段的班主任，喜欢用强迫命令的方式与人沟通。他还希望我能跟他再多说些。我见聊天有了很好的效果，于是建议他加我 QQ，并鼓励他有需要可以随时找我聊天，并强调可以以朋友的身份。

谈话后，我找到班长、寝室长进行沟通，与他的室友进行谈话，要求寝室长和班干主动与他交流，希望室友在生活中多给予他帮助和关怀。

第二学期开学后，我多次通过班干和本班其他同学了解他的情况。他在很多方面的表现有所好转：按时交作业，不随意旷课，与同学交流较以前多，上网次数也明显减少。

分析整个事件，我认为有一些明显特征：事件表面看来并不复杂，只是学生不爱学习，不及时交作业，不参加考试。学生对问题的认识过于简单，语言表达能力欠佳，故沟通存在难度，消极对待自己的人生。对于这位学生来说，被班主任找到办公室训话，已经习以为常了。类似情况在班级中目前只是偶然发生的事件。

对于此次事件，我的认识有以下几个方面。

（1）对于此类事件，辅导员应该及时发现，引导学生明白该做什么、如何处理所遇的事情，帮助学生解除困惑，以防事态扩大。

（2）看问题要看本质，注意将学生只是由于惰性引发的不交作业、不认真对待考试，和由于有心结导致的此类表现区别开来，从而帮助学生从根源上改正错误。

（3）要注意谈话的方法和技巧，要善于从学生内心根源发现问题，从问题根源处进行疏导，帮助学生打开心结，引导学生找到突破点，从而解决问题。

作为一名高校专职辅导员，我们必须提升业务能力，掌握工作方法，并掌握一定的心理学知识，从而能够快速准确地抓住问题根源，引导学生走出困境，帮助学生成长成才。

（生命科学学院辅导员　汪茗燕）

点　评

关心学生的内心世界，帮助他们寻找生命的意义，这需要教育的规约和引导，需要精心设计学生参与体验的实践活动。把虚无消融在"被需要"当中，从而感知生命的价值，自觉提升服务能力和参与意识，达到心灵净化和精神满足，敦促自我走向积极向上的道路。思想教育工作更需要知行合一，单纯的理论教育要和实践教育结合起来，才会有意想不到的效果。

学生资助篇

为你撑起一片蓝天

现代教育家夏丏尊说过："教育之没有感情，没有爱，如同池塘没有水一样，没有水就不能称其为池塘，没有爱就没有教育。"确实，爱学生是一种高尚的情感体验，是教育成功的动力源泉和根本基石，同时也是辅导员工作的至高境界。尤其是在贫困生帮扶工作中，师爱显得尤为重要。

师爱是春雨，滋润万物生长

小浦是一个外向开朗的男生。2012 年，对小浦来说必定是艰辛痛楚的一年。他时常会耳痛，一向节省的小浦最初并没有在意，也不愿意花钱去医院。直到疼的次数越来越频繁，疼的程度越来越剧烈，在我的坚持和室友的劝说下，他才到医院检查。然而，最后经上海肿瘤医院诊断，他被确诊为淋巴结木村病。这是一种世界罕见病，而小浦却不幸地成为全球第 301 例患者。这个不幸的消息让所有人都为之痛心。而小浦原本贫困的家庭更是雪上加霜，经济与心理上都陷入了前所未有的巨大困难中。

由于门诊化疗治疗不在医保范围内，无法报销，高昂的医药费成了小浦一家的沉重包袱。小浦也因病情严重而不能回学校正常上课。巨大的疼痛和对未来的担忧，让小浦脸上的笑容越来越少，话语也越来越少。这些我看在眼里，急在心里。于是，我主动联系了小浦的母亲，并反复向学校医院、分管校领导汇报，发动同学捐款，最终解决了小浦的全额医疗费用。

为了让小浦更深切地感受到集体的温暖，更坚强地面对疾病的痛楚，2012 年 7 月中旬，我组织了班委会去小浦老家浙江，看望病中的小浦。为了不让小浦继续落下功课，我安排了学生帮他整理课堂笔记，并与授课教师沟通，为他办理了所有科目的缓考手续。9月，我为回校的小浦申请了单独考试，并全程陪同。最终，小浦的所有考试全部通过，而且还获得了学校专业二等奖学金和国家励志奖学金，2013年还当选为我校大学生"自强之星"。2013年6月，小浦顺利毕业了。在毕业聚会上，小浦哭了，他说："黄老师，是您用爱给了我第二次生命。"他还郑重地告诉我——他立志当一名人民教师！

师爱是树干，撑起那片绿叶

小刘是班上的一名女生，来自阜阳的一个乡村。很小的时候，小刘的妈妈便去世了。她的爸爸是一名普通职工，用微薄的工资供养着她和同样上大学的哥哥。家中还有身患癌症的爷爷奶奶需要父亲赡养。家庭的不幸让小刘过早地懂事起来，但是也比同龄女孩多了那份浓浓的愁绪，更是因为家庭原因性格很内向。由于从小缺乏母爱，小刘不爱和人讲话，生活上有什么困难也都自己一人扛着。我时常看到她在校园的励志林里默默流泪，时常看到她下课后呆呆坐在教室最后一个离去。我心疼这个孩子。于是在一个周五的下午，课程结束后，我把她叫到办公室，故意安排她帮我整理一份文件（其实我都已经整理好了，故意打乱顺序而已，我不想让她觉得自己什么事都没做）。整理好文件后，我对她说："小刘，你看我太忙了，今天是你帮我一个大忙。为了感谢你，走，去老师家吃饭吧，怎么样？"小刘显然很诧异，但是又不好意思拒绝，就跟着我一起回家了。回家后，我亲手做了几道家常小菜，在吃饭时还了解了小刘平时爱吃什么菜。晚上，我就留小刘在家里住了一夜。经过这件事，小刘和我的距离慢慢拉近了，我也借着这个契机，经常找她谈心。在小刘生日那天，我和她的室友以及全班同学一起为她办了一个生日晚会，给她一个惊喜。我还特地做了几道小刘爱吃的菜。我知道，那一次小刘无比感动。她说："自从妈妈去世后，每年只有爸爸和哥哥记得我的生日，今天有这么多人给我过这个生日，我真的很开心，谢谢你们，谢谢老师。我一定会坚强，会努力。"之后，小刘与同学们的交流慢慢多了起来，人也变得乐观开朗了。

师爱是阳光，融化心灵坚冰

小卢来自皖南的一个山村，家里有个念高中的妹妹，爷爷奶奶身体也不好，父母靠打工维持着家里的生计。一次偶然的机会，我在贫困生领取助学金的现场看到了小卢。当时，她面无表情，弓着背、低着头。后来我就特别留意这个姑娘。她走路一般都是低着头，上课一般都是坐最后一排。在和她的室友倾心交谈之后，我了解到，小卢个性极强，自尊心也特别强，而家里的贫困让她感到自卑。她认为领取助学金是一件不劳而获的事情，是别人对她的怜悯，因此才出现了之前的一幕。了解情况后，我和小卢进行了一次长时间的对话，在和她聊天的过程中，我得知她爱好画画、书法和写诗。于是，我通过学生会，把她推荐到书画协会，让她去那里学习。果然，短短的一年时间里，小卢在书画方面捷报频传，作品多次在学校、院系获奖。因为小卢爱写诗，我为她联系了一位专业老师，帮助指点她的诗作。经过努力，最后，小卢写的诗还在学院的文学刊物——《季节风》上发表了。一系列的成功，让小卢明白了自己不是石头，而是发光的金子，成功让小卢变得自信起来。同时，我还鼓励她申请勤工助学岗，让她在劳动中学习与成长，收获快乐与尊重。渐渐地，小卢工作和学习的劲头更足了，她连续三年获得了学校的专业奖学金，还获得了国家励志奖学金，并且在2013年6月顺利考上了研究生。

正是这些点点滴滴的小事汇聚到一起，给我留下了强烈的感受：在贫困生帮扶工作中，辅导员不仅要从物质上为贫困生寻求更多的实际帮助，同时应更加关注其健康人格的培养与塑造。对待贫困生，辅导员绝不能忽略了他们内心最需要的——爱，否则教育就会从根本上失去意义。

　　首先，用爱于细微之处。俗话说"于细微之处见深情"，往往在师生交往的细微之处，最能使学生感受到教师真诚而深厚的爱。辅导员一定要从小处着眼，处处做个有心人，从生活之中发现，从细小之处入手，春风化雨般地用心来感化学生。

　　其次，用爱于需要之时。根据情绪发生的心理机制，辅导员首先应考虑如何将自己的师爱之情化为满足学生某些合理且迫切的需要的行为，这样才能从根本上引发学生的积极情感反应，促进师生的情感交流。辅导员应多与学生沟通交流，关注学生的真正需求，所谓"亲其师，信其道"，师生之间有了感情，才能彼此信任。

　　再次，用爱于意料之外。一般而言，客观事物越是超越预期，个体所产生的情绪强度就越大。因此，辅导员要使自己的行为能真正引起学生情感上的震撼，从而产生师生情感上炽热的碰撞，那么，给学生制造一些意外之喜，往往会收到意想不到的良好效果。

　　最后，用爱于学生之间。辅导员要会通过集体将爱传递给学生。这不仅有利于促进学生间的情感交流，增强集体的凝聚力，而且也有利于学生更深切地感受到蕴含在学生间情感背后的师爱。

　　在今后的班级工作中，我仍然会用师爱为贫困生保驾护航，为其撑起一片蓝天，因为我深知：爱学生，才能无怨无悔地付出；尽责任，才能将师爱进行到底！

（文学院辅导员　黄晶晶）

点　评

　　师爱是春雨，滋润万物生长；师爱是树干，撑起那片绿叶；师爱是阳光，融化心灵坚冰。说得多好呀！黄老师正是用爱于师生交往的细微之处，用爱于学生真正需要之时，用爱于学生的意料之外，才在工作中得心应手，才会用师爱为学生保驾护航，为其撑起一片蓝天。因为黄老师深知：爱学生，才能无怨无悔地付出；尽责任，才能将师爱进行到底！黄老师不仅是这样说的，更是这样无怨无悔地做的。

帮助贫困生寻找成功的自信

贫困生是高校学生中的一个较大群体。我所带的 2007 级市场营销专业专科班 113 名学生中，有近 35% 的不同程度的贫困生。家庭经济上的匮乏，使得贫困大学生们比其他学生面临更大的心理压力，特别是学业上的失败更容易加剧其自卑心理。很多贫困生性格过于内向、胆小、多疑、不善于社交，尤其需要辅导员的关心和帮助，使他们克服消极心理，变得自信强大，从而取得成功。

小耿同学来自萧县圣泉乡的农村，家有六口人，父母都是农民，兄弟三人都在读书。父亲患有严重心脏病，母亲也患有疾病。小耿和弟弟的学费都是靠贷款、借债和微薄的农业收入来维持，家庭经济状况非常困难。但是，小耿自尊心和责任感强，同时，自卑感强，自信心弱。高考后，小耿录取到专科专业就学，与自己的理想目标差距过大，因此有些颓废、自暴自弃，与班级同学沟通比较少，不爱参加集体活动。

为及时起到教育效果，我和他进行了一次推心置腹的谈话。在谈话中，我尽力消除高考失利对他的影响，并且告诉他虽然现在读的是专科，但是以后的路还很长，需要靠自己的努力去改变，现在处于中途较量阶段，没有到达终点，不可以放弃。小耿告诉我，考上一流大学是他的梦想，但是又不想因此而增加家庭负担。我鼓励他，重新制订计划，树立新的奋斗目标，可以边读专科，边进行本科的自考，再通过努力考上理想大学的公费研究生。

这次谈话持续了两个多小时。在谈话中，小耿很坦然地向我陈述了他的焦虑、对未来的迷茫、对高考的失望、家庭经济的压力。

他觉得，因为成绩不佳，愧对父母；因为不够自信，害怕自己在集体活动中表现不优秀而遭到同学的耻笑。

面对这样的情况，我知道，仅仅谈话是不够的。于是，我一方面了解其实际家庭情况，帮助他向学校申请特困生补助，帮忙办理助学贷款，提供勤工俭学岗位，尽量减少他的后顾之忧，减轻他因经济困难而造成的生活压力。另一方面，我又指导小耿专升本自考学习，帮助他制订详细的学习计划。另外，班委换届时，我鼓励小耿发挥自己的特长，竞选宣传委员，进一步拉近他与同学的距离。

为了进一步重视与关心他，我经常和他发短信、谈话，督促他自考。每逢班级活动，我也总是鼓励他积极参加。慢慢地，我发现小耿开始逐渐敞开心扉，学习成绩有巨大提高。大学三年，有两次获得专业一等奖学金、一次国家励志奖学金。他终于找到了自信，树立了自己的目标，脸上重新绽放了笑容。最终，小耿在大二时，拿到了本科自考文凭。后来，他继续参加研究生考试，毕业时被北京师范大学录取为公费研究生，圆了自己的梦。

通过这件事情，我也感受颇多。家庭经济困难是造成贫困生心理问题的外部因素。无力缴纳学费、借款的压力、还款的焦虑，导致心理上始终矛盾重重。他们学习上的期望值太高，因为贫困，他们更加勤奋和努力，成才、成功心切。然而，一旦没有达到预期的目标，就会产生失落、焦虑情绪，容易失去信心，不热心集体活动。作为辅导员，我们要帮助他们找到成功的自信。

（经济与管理学院辅导员 程秀芳）

点 评

作为辅导员老师，我们要及时了解贫困生的家庭情况，帮助贫困生申请贷款，缓解经济压力；要鼓励他们参与勤工俭学，培养自强自立精神；要充分信任他们，根据优势和特长，在班级安排合适的岗位，克服其自卑心理，改变其不合群的个性特征，从而增加其自信心，取得进步。

如何把好事做"好"

2007 年是我走上辅导员岗位的第一年。金秋九月，我迎来了第一批学生，历史学两个班级的 120 名学生。在体会到初为人师的喜悦之时，我遇到了一件非常棘手的事情。

2007 年是首次启动大学生经济困难认定，向贫困学生发放国家助学金政策的一年。这项政策对于贫困学子来说是一件好事。我兴冲冲地投入到资助工作中。我反复阅读了助学金评选文件，按照文件的要求召开班会，通知家庭经济困难的学生利用"十一"假期，回生源地开具由当地政府部门盖章的贫困证明、家庭成员残疾证明等材料。由于工作经验不足，我把问题想得很简单，以为按照文件要求开具证明材料，就可以很轻松地完成贫困生认定、发放助学金的工作。然而假期结束，面对生活委员收来的证明材料时，我傻眼了——我所带的两个班 120 人，共有 80 多名学生递交了申请书，而且几乎每个人的证明材料都很完整、很丰富。从材料上看，交申请书的同学中，绝大部分都可以被认定为贫困生、发放助学金。可是，这个数字远远大于文件要求认定的贫困生人数，这助学金怎么评？怎么发？

反复思索了几天，我决定从以下几个方面着手开展工作：首先，认真分析每位学生上交的资料，将户口本复印件上显示非离异单亲家庭的和农村户口弟妹多的学生筛选出来，分为一组；其次，将递交家庭成员残疾证明和近期特大病病例医药费材料的学生筛选出来，分为一组；再将近几年来在自然灾害严重地区务农家庭的学生筛选出来，分为一组；再次，将其他学生的材料仔细与新生入学时填写的《学生简明情况登记表》对照，填写内容不符的剔除出去，将剩余学生中办理助学贷款的学生筛选出来，再分为一组。最后，筛选出来的这四组学生共有40人，这个数字接近了。

我心中有了底气，开始了下一步的工作。一天晚上，我抽空去学生宿舍"串门"，特别留意了被筛选出的40名学生的床铺、桌子和生活用品。我发现他们的衣着朴素，生活节俭，并没有奢侈浪费的现象。但还是注意到一些情况：父亲早逝的学生小A，桌上放着一台最新款的笔记本电脑，阳台上挂着他的一件阿迪达斯短袖T恤衫。了解得知，他是家里的独生子，母亲做生意很成功，家庭条件优越。学生小B没有递交助学金申请，但我去她们宿舍时，她正在刷着一双已经被缝过底子的旧球鞋，身上还穿着军训时发的迷彩服。原来她有一个患尿毒症的奶奶需要务农的父母赡养。不知什么原因，小B一直没能在政府机关开具出贫困证明。她哭着告诉我，不递交申请一方面是没有证明材料，怕不能通过审核，另一方面是怕别人瞧不起她。父亲残疾的学生小C，竟然正在和室友打游戏。我批评了他，并了解到小C开学以来，晚上经常上网打游戏。

通过了解这些情况，我意识到贫困生认定工作，仅仅靠我一个人的力量是没办法做到完全的客观公正，因为我毕竟不是和学生住在一起，最了解学生生活情况的恰恰是同学们自己。基于这一点，我在班上成立了贫困生认定小组，由每个宿舍派一名没有递交申请书的同学组成，采取不记名评定的方式，每班评定出家庭经济困难的同学15人。结果出来后，果然小A、小C不在其列，大家却不约而同地评定了没交申请书的小B。

助学金评定结果出来了，任务完成了，但工作还没有结束。我分别找了评上助学金的同学和没评上的同学谈话。我对评上助学金的同学说，助学金是国家给予贫困大学生的一项资助，要珍惜，将助学金用在学习上，不做超过自身消费能力的事情。

同时，面对很多不服气的没评上的同学，做他们的思想工作更要讲究方法。这些同学分为几类，第一类是像小A那样虽然符合评定条件，但事实上并不困难的学生，要让他们明白助学金是用来切实帮助经济困难的同学的，如果家庭经济好转，就不该和贫困同学争有限的名额；第二类是像小 C 这样的学生，在严厉批评之后，要让他明白助学金是用来帮助学习的，不努力学习，不遵守纪律，浪费父母的血汗钱玩游戏、打麻将，是对助学金的不尊敬，如果能改掉不良嗜好，下次评定小组一定会给予公正的评定；第三类是一些家庭经济确实存在困难，但并不严重的学生，要耐心地和他们解释，有很多比他们更需要助学金资助的同学存在，助学金每年评定结束后，如果他们的家庭条件没有好转或者恶化，还是有机会再次拿到助学金的。通过以上思想工作，同学们都表示能够接受评定结果。

通过这次助学金的评定，我思考和总结了以下几点。

（1）要了解学生，深入学生的生活。如果我不去宿舍区走走，就不会知道小 A、小 B、小 C 的生活情况，只凭书面材料评判学生，是不公平不公正的，耳听眼见才能为实。

（2）要充分发挥学生的主观能动性，发动集体的力量。班级的事情要班级来决定，辅导员自身的观点往往带有倾向性，而生活在一起的同学才是真正互相了解的。如果这次评定全部由我一人完成，难免带主观主义。

（3）辅导员工作不能教条僵化、只看表面。面对卷帙浩繁的材料，要善于分析总结，抓重点，找窍门，要透过现象看本质。我将助学金申请材料分门别类，分析出各种不同的现象和情况，为下一步的工作打好了基础。

（4）辅导员工作一定要细致。有时候多一点耐心和细心，往往会避免很大的工作漏洞。到学生宿舍“串门”，不能仅仅只是拉家常，消除距离感，如果我不能细心地观察学生的生活用品，就不会发现他们存在的问题。

（5）贫困生认定、助学金发放、奖学金评定、班级干部选举、班会团会的组织等这些琐碎的工作，都是帮助大学生健康成长的好事。如果工作方式不当，反而会引起学生的不满，导致心理问题的出现，也会引起班级同学的猜忌和不团结。所以，辅导员在工作中不但要做好事，还要把好事做"好"。

（人文与社会学院辅导员　董　思）

点　评

　　每年的贫困生认定确实是一项需要花时间好好琢磨的工作。董老师对待贫困学生的认定，既看材料，又能深入学生生活中，还能就此项工作进行思考和总结，这是一个辅导员对待工作应有的态度和方法。辅导员要通过有效的工作，切实把国家对学生的资助做到学生的心坎上去，把好事做好，做亮！让学生感激，感动，感恩！

贫困生认定中的"打假"

贫困生资助是辅导员每年都要完成的常规工作。如何公平、公正、公开地把国家对在校大学生的关心送到合适的学生手上，确实不是一件容易的事情。助学金的评定，一般的做法都是提交申请和相关辅助材料、成立评审小组、民主评议、公示等。但如何做好新生的资助工作，是我刚做辅导员工作时遇到的首要难题。

在做新生班的助学金评定的时候，两个"特殊"的学生，引起了我的关注。A同学家境一般，父母打工，姐姐出嫁。在做民主评议的时候，他没有被评为贫困生。他有些想不通，就来找我。可是，他所提出的理由，让我啼笑皆非。

"老师，我家庭困难，为什么没有评上助学金？"

"家里具体情况如何，说来听听。"

"我家里欠债很多，我爸妈买房欠债，我姐姐结婚买房也欠债。别的同学一家几个孩子同时上大学，我不觉得比我困难。"

"为什么这么觉得？"

"他们上大学，以后出来就好了。而我家现在欠债这么多，所以目前我比他们穷。"

B同学是由爷爷抚养长大的，父母过早离开了人世。按照标准，B同学是符合"特困"的条件。但在民主评议的时候，他没有递交申请。我找到他并说明学校的资助政策，他却婉言拒绝了我的好意。

"为什么不想申请？按照你的条件，国家有很多资助政策。"

"我不想写，我觉得我不困难。"

"可是从《学生简明情况登记表》上的信息可以看出，你家没有多少生活来源，你的生活怎么办？"

"老师，我不觉得我困难，希望工程帮我付了学费。另外，我已经在后勤找到洗碗的工作，生活费可以解决了。"

国家助学金是党和政府对在校家庭经济困难学生的一种关怀，旨在帮助这些学生顺利地完成学业。为了做好这项工作，辅导员首要的角色却是"打假"，要有一双火眼金睛，在学生中找到真正的贫困生，把关怀送到确实需要帮助的学生手上，这一点非常重要。

接下来的工作就是具体情况具体分析，并找到解决办法。

针对 A 同学的情况，我改变说话方式，不一口否定学生的错误想法，而是把相关的评定标准摆在他的面前，耐心地给他逐一比对，到底是否符合条件。其实，很多时候学生的"装穷"行为，更多的还是对于政策、评定标准的不了解。一味地批评教育，只会换来学生的不理解，尤其是新生可能会因为这次的不理解，从而和你的距离越来越远。

而 B 同学由于长久以来一直受到关注，内心深处极其渴望独立，这是很好的品质，值得表扬。因此，我引导 B 同学正确地看待助学金的性质，善意地理解和接受别人的好意，并希望他能够通过自己的微薄之力，服务他人，回报社会。终于，B 同学在大一的时候顺利地竞选上了劳动委员，在这个岗位上尽职尽责，默默地为班级同学服务。他尝试用自己的双手去回馈学校。

通过新生助学金评定这事件，我有以下认识。

（1）辅导员的态度要认真，要设身处地地从新生的角度去思考问题，不要一味地指责批评。

（2）对于新生家庭情况的判断，要避免刻板印象、先入为主，要通过多方面的资源了解、核实学生的基本信息，既要揪出掺假的学生，也要找出真正需要帮助的学生。

（3）解决问题要注意技巧，要善于找到问题的根源，积极地引导学生正确理解资助的政策。

（计算机与信息学院辅导员　陆　佳）

点　评

　　新生入学时做好贫困生资助工作，辅导员需要做到：首先，要认真学习学生资助工作的相关文件，遵守原则，严格按照流程开展工作。特别要多方面收集信息，了解新生的实际家庭情况，避免以偏概全导致漏评、错评。贫困生认定过程中，要有一双火眼金睛，既要揪出掺假的学生，也要找出真正需要帮助的学生，把关怀送到确实需要帮助的学生手上。其次，新生的入学教育一定要开设有关学生资助工作的知识教育，鼓励学生互帮互助、自立自强，培养互相谦让的良好班风。通过解读政策规定，让新生意识到资助工作的范畴，真正把新生的资助工作落到实处。最后，加强对贫困生的思想追踪和心理疏导。由于家庭环境的影响，这一类学生容易出现敏感、自卑、急于表现自己等特点，如果不有效地帮扶和引导，很容易在后期的大学生活中出现心理隐患。因此，辅导员需要在学业上关注学生、在班级活动中鼓励学生、在日常生活上关心学生，并且做好日常工作的记录，以便及时发现问题，迅速处理，把问题隐患降到最低。

树立自信　走出困境

　　学生小 A，大二，成绩中等，家庭经济困难，在同学眼里，他属于贫困生。可入学以来他没有接受过任何形式的资助，不是申请不了，而是他自己拒绝接受。我从其他同学那了解到，小 A 不愿意让人知道自己家庭经济困难，也不愿意接受别人的捐助或帮助。小 A 认为这是对他的施舍，一旦接受了就会在同学面前低人一等。这进一步证明了我对小 A 的判断：这是个由于自卑而导致自尊心过强的孩子，长期背负心理负担。如果不做通他的思想工作，物质上的帮助只会适得其反。怎样才能既不伤害他的自尊心，又能从物质上帮助他渡过生活上的难关呢？我思索着。

　　我了解到小 A 向同学们询问打工的事情，他想找份兼职工作。于是，在学校对贫困生提供勤工俭学机会的时候，我给小 A 报名了。在他接到勤工俭学电话的时候，心情非常好。于是，我找了个机会与他聊聊天。

　　我问："如果你身边有一个同学现在生活上特别困难，你会怎么办？"

　　小 A 犹豫了一会，反问道："他困难到什么程度？"

　　我知道他想回避这个话题，于是说："如果有两个选择，一个是不去了解，任其发展，另一个是去关心、了解他的状况，尽自己的可能帮助他，你倾向于选择哪一种？"

　　小 A 沉默了一会，说："老师，您说的是我吧。"顿时，眼睛红红的。那天，我们聊了一个下午。在交流中，我有意让小 A 认识到：让人看不起的不是家庭贫困，而是不能勇敢地面对困难、克服困难。现在接受社会正当的资助渡过难关，将来可以更好地回报社会和他人。我告诉他学校和学院都有专项费用来帮助品学兼优和贫困家庭的学生。以后，如果他条件改善了，还可以去帮助其他有困难的人。谈话结束时，小 A 说了一句话："老师，跟您聊天后，我一下子轻松了许多。谢谢您。"

通过调查了解，造成家庭困难学生不接受资助的原因有很多。

（1）自尊心受挫、自信心不足导致的消极心理。一部分像小 A 这样不愿意接受资助的学生认为，自己成绩不理想，受之有愧，与其让人说三道四，不如直接拒绝。这些学生在校表现平平，成绩一般，虽然学习上也有动力，只因家庭经济等问题分心，影响了学习。比如，想早点减轻父母负担，只求找个工作，不求继续深造；或者因家庭拮据需体恤父母而产生思想压力；也有人受社会一些不良思想和经商潮的影响而不努力学习等。以上种种学习中的不利因素，致使他们成绩不理想，加之自尊心强，心理承受力薄弱，自信心缺乏就成为必然。他们自知学习成绩不好，要有所进步存在一定的困难，害怕接受了资助又不能通过努力达到理想高度，所以采取回避态度。

（2）接受资助就意味着低人一等心理。部分学生认为，接受捐助就是承认自己家庭贫穷，在同学中没面子，会被人小瞧。消费的攀比心理和超前消费现象在学生群体中仍然存在。一部分家庭条件较好的学生追求高消费，服饰、手机、电脑、学习用品等讲名牌、讲档次，以此来显示其优越感，但对于家庭条件一般或困难的学生，这无疑是一种潜在的刺激。对此，大多数学生能妥善处理，可部分家庭环境不好的学生常会产生一种自我保护意识，企图以从众心理求得心理平衡。倘若一旦被划为资助对象，这种平衡就会被打破，就会因此感到羞耻，害怕被别人讥笑。

（3）社会效应造成的压力。经了解，得到较大帮助的品学兼优的困难学生，他们同样存在一定困惑。因为有些捐资助学活动的社会效应较大，优秀的受助者极易成为关注的焦点。外界的影响往往在无形中给他们增加了压力。对于品学兼优的困难学生，他们通过自身努力获得助学金，受到人们关注，对其可能是更大的鼓励，但我们也不能一味地认为这是一种积极的驱动力。因为成功的愉悦体验常常使人不自觉地产生自傲情绪，另外，由于社会上人们对贫困的理解偏颇，又常使他们感到自卑，最终陷入自卑、自负相交织的不稳定状态。如不妥善处理，将会影响他们的学习和人格发展。因此宣传过多，声势过大，可能会带来一些消极影响，容易使一些学生在公众面前迷失自我。

　　针对以上现象，社会、学校、家庭都应引起足够重视。在学校进行一次次的资助发放、社会进行各种捐资助学时，还需要冷静地思考：爱心行动是否只停留在捐赠活动层面？在这些学生的成长过程中，除了给予物质上的帮助，我们是否也应该给予他们精神上和心理上的支持？要解决这些问题，需要社会、学校、家庭的协调配合。

（物理与电气工程学院辅导员　程培培）

点　评

　　对贫困学生的帮扶和关爱，正如程老师所说的，需要社会、学校、家庭的协调配合。在这里着重要谈的是，家长需持正确观念，给予孩子积极的心理支持。研究指出，父母的教育方式全方位影响亲子关系。如果家长面对困难能及时更新观念，持一种乐观、积极的态度，表现一种坚韧不拔的精神，无疑对其子女是一种安慰和促进。因而作为贫困学生的父母，要明白自身言行的重要性，保持一种正常心态，任何时候都不要忘了给孩子一份支持和鼓励。

一次特殊的"中秋陪护"

2011年9月12日,是我参加工作后的第一个中秋节,也是我终生难忘的一个中秋节。三天的迎新工作终于告一段落。刚刚点燃的工作激情加上如火如荼的军训,让我兴奋异常,忘记了劳累,忘记了酷暑。

军训的第二天就是中秋节了。我要求班级学生晚上在教室里开展一个小活动,想以此来冲淡学生们的思乡之情。活动开展得非常顺利,学生们玩得很尽兴。就在这时,我看到教室的角落里,小桂同学的表情很痛苦。我赶紧走过去,问他怎么回事。只见他额头上渗出了汗水,用不是很流利的普通话说他肚子痛得厉害。我马上让班级临时负责人和他的两个室友扶着他下了楼,直奔医院。医生检查后,说是急性阑尾炎。由于当时已是晚上9点多了,手术要到第二天才能做。打了止疼针以后,小桂慢慢安静下来。

因为第二天做手术需要监护人签字,所以必须尽快联系他的父母。但是,当我向小桂询问父母电话时,他说:"老师,我父母都不在了。"说着,眼泪就流了下来。几个同学都愣在那里,不知道该说些什么。"我现在是跟着姑妈过。他们供我上学已经不容易了,我不想再让他们为我担心。老师能不能不给他们打电话,我是大人了,我自己签字!"他的情绪更加激动起来。我让几个同学先稳住他的情绪,然后在病房外打电话给分管领导,汇报了有关情况。领导决定必须通知家人,要对学生的人身安全负责。于是,我借故回到办公室,找出《学生简明情况登记表》上的学生家庭联系方式,拨通了联系号码,接电话的是一位中年妇女。

"找谁啊?"

"阿姨,您好! 我是小桂的大学辅导员。"

"哦,老师你好! 这么晚了,小桂子不会出什么事了吧?"

"阿姨,小桂子今天军训完了以后,肚子疼,到医院检查后说是急性阑尾炎,明天要做个小手术。"

那边电话里马上传来了哭声:"这孩子真命苦啊,老师,你不知道,他9岁的时候妈妈就死了,他爸爸在他开学前半个月意外去世了,姐姐也出嫁了。"

我听到这些话时,也很震惊。我说:"阿姨,明天手术需要家人签字,您看您和叔叔能不能赶过来? 孩子很坚强,现在情况也很稳定。只要明天能及时手术,很快就会康复的。"

"好的,我现在就去找他表哥,连夜赶过去。老师放心,明早一定赶到!"

"阿姨,还有一个情况要告诉您,小桂子不让我打电话给你们,怕你们担心。我现在是瞒着他给您打的电话。请你们直接过来,到安庆再联系我,不要给孩子打电话了,我怕影响他的情绪。"

"嗯,这孩子是个孝顺孩子。好,我不给他打电话,到了再说吧,谢谢老师了。"

挂了电话后,我又赶到医院,心里充满了同情和感动。我决定要用实际行动为他做点什么,我在心里默默地下了决心。由于第二天还要军训,我让其他几名同学回宿舍了,亲自守在小桂的病床边。由于腹痛,他不时地呕吐,我就不时地喊护士过来观察情况。一夜无眠。夜里,我和他小声地谈了很多,从小时候到高中三年的点点滴滴,还有我上大学时的趣事。慢慢地,他睡着了。夜里四点多,我接到了他姑妈的电话,把他们接到医院后,一起守在病床前。他姑妈不停地抹眼泪,低低的啜泣声惊醒了病床上的小桂子。当他惺忪的双眼看到围坐在病床前的姑妈一家人时,抽泣变成了哭泣,一家人拥抱在一起。

小桂病情康复得很快。在军训结束后正式上课的时候,小桂同学已经和同学们一起坐在教室里了。因为没有军训，与班级同学相处时间较短，我担心他不能很快适应集体生活。但是通过几天的观察，我发现他不仅和同学关系非常融洽，而且积极参与班级事务和课外文艺活动。针对他的这一特点和家庭实际情况，我制订了详细的培养方案，逐步实施。

在工作中，首先，想方设法帮助小桂解决生活问题，绝不让经济问题成为他的困扰。在国家助学金的评定中，小桂被认定为特殊困难，这样他的基本生活费有了保障。另外，帮他争取到国家教育基金 5 000 元，胡玉美助学金 1 000 元，争取一个勤工助学岗位。其次，创造展示才能的平台。在班级内部多开展一些文体活动，并让他多参与组织和表演，鼓励他参加学院和学校的课外活动。最后，多谈心，多鼓励。逢年过节我会主动给他打电话、发短信，让他感受到学校的温暖；凡他参加的活动和表演，我会尽量抽空观看，送上掌声和鼓励；经常在公开场合表扬他，以此帮助他树立自信心。

经过两年的努力，在学生会换届选举中，小桂同学顺利当选学生文艺部部长一职。

（化学化工学院辅导员　杜百忍）

点　评

辅导员对"特殊学生"的关注是工作的重点之一。在工作中要像杜老师一样，善于利用具体事情，准确掌握"特殊学生"的性格和优点特长，对他们进行人文关怀，给予他们无微不至的关爱。随着国家对这部分学生经济方面的资助越来越大，在解决他们生活问题的同时，要更多关注他们的内心世界。家庭的缺陷不是他们可以选择的，但是让他们在学校依然可以找到久违的家的感觉，就是我们广大辅导员需要做的。

在困难中成长

　　小王同学家境一般，父母为农民，父亲年迈体弱，母亲患腰椎间盘突出，无劳动能力，弟弟为残疾人，均无稳定收入来源。

　　小王同学因家庭贫困，思想包袱较重，整天顾虑重重，缺乏自信心，学习成绩较差；大一、大二不及格科目多达五门，面临着退学的危险。他曾跟我说，"老师，你不知道贫困造成的那种压力，实在是让我喘不过气来，不得不想办法挣点生活费，不能像其他同学那样无忧无虑的""长时间生活在压力里面，看不到什么希望，很容易放弃自己，什么都不想干了"。

　　我多次找他谈话，鼓励他摆脱思想负担，轻装上阵。鉴于他的家庭条件较差，我帮助他申请国家助学金，以减轻他的生活压力。我要求他明确学习目标，积极报考研究生，并把学院的会议室腾出一间，作为他和其他几名同学自习的场所。

　　在老师的帮助下，小王同学逐渐放下思想包袱，比以前更加开朗，也端正了学习态度，学习成绩逐渐提高，大三之后没有不及格现象，并通过了大学英语四级考试。2007 年以 368 分的成绩考取暨南大学公费研究生。

　　在考研经验交流会上，小王同学对帮助他的老师和同学表达了谢意。他说如果没有老师的帮助和指导，自己可能早已退学，更不可能有深造的机会，是学院的领导和老师挽救了他。

　　大学里的贫困生占一定的比例，他们普遍存在思想包袱重、自信心不足等问题。大学生活中，同学们经济状况的差距，常常使贫困生在心理上受到强烈的冲击，对别人对待自己的态度异常敏感，自尊心极易受到伤害。有的沉溺于网络，在虚拟世界中获得满足，认为网络可以实现自己的价值。有的自暴自弃，悲观厌学，认为什么都不尽如人意，对什么都不感兴趣，小王同学刚开始就属于这一种。由于自己的特殊家庭背景，他觉得自己生活上不如别人，而且在学习上也没有了中学里的那种优势，从而感到自己处处不如别人。他认为自己前途渺茫，即使再努力也不会超过别人。在学业和经济的双重压力下，学生容易自暴自弃、悲观厌学，甚至退学。

贫困生是大学里的一个特殊群体，生活的困苦让他们很早就明白了知识可以改变命运，但敏感自卑是他们中多数人的共同特点。大学生毕竟还处在心理上不是特别成熟的阶段，很容易被周围的人和事所左右。一些学生看到别人吃得好、穿得好、用得好，就可能产生羡慕嫉妒的情绪。面对生活和学习上的种种困难，有的学生选择了积极面对，但有的选择了逃避现实。作为教育工作者，要及时发现贫困生出现的各种问题，给予适当的干预。很多时候，老师多跟他们说说话，多关注他们一下，就可能对他们产生很大的影响。对贫困生来说，要想解决他们的思想问题，首先要帮助他们解决实际问题，主要还是根据政策给予资助，减轻他们的生活压力。如果学业上有困难，也要针对性地进行指导，帮助他们树立学习目标，指导他们制订学习计划，提高学习成绩。

（资源环境学院辅导员　刘燕杰）

点　评

很多时候，对待贫困生，更需要细节上的润物细无声的教育。比如，在课堂上多提问，在宿舍多和他们聊聊，在他们不开心时多关注一下……这些，可能比单纯的物质资助产生的影响要长久一些。作为辅导员，您要留意的，是细节。

为学生插上飞翔的翅膀

2010年，我成为资源环境学院的一名辅导员。大一新生总是青春焕发，朝气蓬勃，对大学里的一切事物都充满兴趣。第一次开班会，学生自我介绍的时候，我却发现了一位与众不同的女生。她的穿着如此朴素，如同八十年代的大学生，一件干净却略破旧的碎花布衬衫，搭配一双洗得发白的帆布鞋，扎着一根马尾辫。她看起来有些胆小，眼神空洞，坐在教室的最后一排。当同学们都在谈着大学的理想时，她却只说了一句："我只想顺利毕业，未来太遥远，放在心里就好。"从此，我记住了这个名字。

通过查阅《高等学校学生及家庭情况调查表》，我发现表格中大部分是空白，只填写了家庭住址一栏，在家人那一栏写着：兄长：无工作、无经历。或许她并不想让人知道她的情况，有意把自己包裹得很严实。如果她申请办理助学贷款，家庭经济情况肯定不好。这一点，通过她的衣着我也可以发现。但是她并没有申请贫困生的助学金。对于这样的学生，我不敢贸然找她，怕一不小心伤着了她。

思虑再三之后，我决定找她和她的室友到我办公室聊天。聊天的内容很简单，比如，问问来自哪里、谁送来上学的，等等，我仅仅是想对她做进一步的了解。终于，我了解到是叔叔送她来上大学的，另外，她想当班干，又担心自己做不好。我并没有去追问为何是叔叔送她来上大学，怕她产生逆反心理，但或多或少我能猜测出来。无论如何，这样的学生是应该受到重视和帮助的，如同她自己所说的一样，我也有些担心她是否能顺利完成学业。

第二次找她谈话，是军训结束后正式上课的时候。班级准备推选班干。竞选班干时学生需要写申请，参加演讲，然后由全班同学选举。上次谈话时，她说自己想当班干，但是并未提交申请书，理由是性格有些内向，不善于演讲，怕到时候会丢人。我鼓励她可以尝试写演讲稿，我会帮她修改，然后模拟演讲，以消除紧张情绪。在谈话快结束时，我用随意的口气告诉她："班级经济困难助学金还有一个名额，要不你也申请一个吧。"她回答说："算了吧，我没有表格。"我告诉她，不用急着交那个表格，可以晚些再交给我。

在统计家人的联系方式时，她写了她叔叔的电话号码。后来，我给她叔叔打了个电话，证实了我的猜测。4岁时，她的母亲因病去世。为了给母亲治病，家里债台高筑。然而祸不单行，原本经济充裕的家庭此后接二连三地出现变故。奶奶因心肌梗塞去世，父亲因脑血栓去世，继而爷爷因脑溢血去世。她叔叔在年轻时得了脑血栓，虽保住了命，但是身体却大不如前，已不再是那个能打工挣钱、能做农活的大汉了。叔叔说她是个苦命的孩子，希望老师一定要多帮帮她。我告诉她叔叔，她并未申请贫困生助学金。她叔叔说，她是怕别人知道她是个孤儿后会瞧不起她，她要通过自己的努力打工赚取生活费。于是，我就请她叔叔帮忙填写了《贫困生助学金申请表》，并且决定在做通了她的思想工作以后再将此事慢慢告诉她。

后来，她当上班干，工作勤勤恳恳，无论班级里的什么事情，她都当作自己的事情来做。她的性格也慢慢变得开朗，敢于在同学面前展现自己。学习也一如既往地很刻苦。

在后来的一次谈话中，她说很感激我，其实她早就想好好地跟我聊天，并把家庭情况全部告诉我。我告诉她，这些家庭的灾难都是她无法控制的，她要做的就是通过自己的努力，创造美好的未来。

大二班干换届时，她的票数高居班级第二。也就是在那次班干选举后，她对全班同学述说了她是个孤儿的事实，也很感谢大家的帮助。过去，她一直生活在这个阴影里，被这个包袱压得喘不过气来。但是，现在她终于鼓起勇气甩掉包袱，说出自己的梦想。全班响起经久不息的掌声。目前，她已经两次获得专业一等奖学金，参加全国大学生英语竞赛并获三等奖，大二时获得国家励志奖学金、"红十字"助学金，同时获得三好学生、优秀班干部等荣誉称号，并被列为入党积极分子培养对象。在上海实习时得到实习单位的一致好评，单位有意向留用她并作为培养对象。

面对家庭经济困难的学生，我有以下一些想法。

（1）着力培养经济困难学生的自立自强意识。将"扶贫"与"扶志"相结合，教育和引导他们要以健康的心态正视贫困。正确面对自己所遇到的困难，培养自信、自立、自强的精神，以积极健康的心态去面对人生的挑战。

（2）要提供锻炼个人能力的平台。在竞选班干部、管理班级事务、组织学生工作等实践活动中，提供更多的锻炼机会给他们，促进他们提高人际交往能力和语言交流能力，改善他们思考问题的习惯，充分发挥他们的主观能动性，从身边的事做起，逐步培养和增强他们的自信心。

（3）要善于发现和树立成功的典型。通过对家庭经济困难学生的教育和帮扶，用身边的优秀例子来影响他们、用榜样的力量来鞭策他们，使他们能够正视现实和困难，树立自信，勤奋努力，追求进步。

（资源环境学院辅导员　鄢光建）

点　评

本案例说明，辅导员要善于发现贫困生的一些异常情况，找到正确的工作方法，帮助贫困生克服自卑、过度敏感、消极和抑郁的心理，使他们明白经济和物质上的困难只是暂时现象，只要自身不断努力，就一定能战胜眼前的困难。

关爱贫困生

　　小李同学家庭经济困难，自己和妹妹上大学的费用都是靠贷款和父母打工的微薄收入来维持。由于家庭经济困难以及自身性格缺陷等方面的原因，部分贫困生到大学后表现出各种心理问题，如过于自卑，过度自我封闭，过分自尊和敏感，等等。但是，小李同学有着积极乐观的生活态度，学习态度端正，勤奋刻苦，与同学相处也比较融洽。尽管如此，经过观察，我还是发现小李同学身上存在着一定的问题，比如过于要强，在评定奖学金、助学金的时候，尽管自己不符合标准，还是以家庭困难为理由，不厌其烦地向辅导员表达希望得到此类奖、助学金的想法；不懂得尊重、理解辅导员老师的工作，提出的要求无法得到满足时，就会在同学面前表露出对辅导员工作的不满。因此，小李同学和前任辅导员的关系很糟糕。

　　大二那年，我开始接手小李同学所在的班级。最初，师生之间的了解和信任并没有很好地建立起来。于是，我决定在充分了解事实的基础上，再拟定切实可行的资助工作方案。通过与班长、她的室友和好友谈话，与家长电话沟通，以及对小李本人日常行为的观察，我了解到她的家庭经济确实困难。作为长女，小李从小就帮助父母照顾妹妹，也看到父母的辛苦操劳。这造就了她极强的上进心，使她决心在大学期间努力学习，以后找到理想的工作报答父母。但同时，她在个人利益面前不懂得谦让，会表露出必须争取到、不达目的誓不罢休的心理。

　　为了帮助她调整心态，我通过主题班会等形式，在班集体内部培养她与同学之间团结、平和、谦让的精神。班会前，我会让她事先查找资料，用心准备并在会上发言。会后，我会积极与她交流。平日与小李沟通时，我会有意识地讲道理、举实例。逐渐地，我感觉到，小李原本的极端心理有了很大变化。毕业时，她如愿以偿地考上研究生。

通过小李的成长经历，我有以下一些体会。

（1）家庭经济状况是造成贫困生心理问题的重要因素。家庭经济的窘迫、借款的压力、还款的忧虑等交织在一起，导致学生在心理上始终矛盾重重。一些学生对通过学习改变命运的期望值非常高，这就容易产生偏激的心理。他们认为在大学期间，必须获得一切，如果不能如愿，就会觉得命运对自己不公。

（2）过分压缩生活开支。以小李为代表的贫困生，为了节省，在饮食上过分压缩开支，导致营养不良，身体受到了损害。

面对这些情况，我在学生资助工作中更加关注以下一些方面。

（1）对于心思敏感、细腻的女学生，单纯地围绕"贫困"这一问题与其交流，不但没有效果，还会挫伤她的自尊心。因此，需要通过有意义的活动，如班会、文体活动等，提高她与人交往的能力。另外，多与其谈人生、谈学习，潜移默化中给予其思想上的触动和熏陶。

（2）加强贫困生的精神关爱。由于小李的自尊心很强，对于老师和同学物质上的帮助比较抵触，因此，化解她心中的困惑，给予她精神上的帮助效果要好得多，让她的心灵能够独立自强、健康成长才是长远之计。

（3）学业上的指导和勤工助学相结合。利用课余时间，帮助小李学好功课，掌握学习方法，提高专业能力，为将来的就业打好基础。同时给她介绍勤工助学岗位，解决当前的经济困境。

（4）当突发事件发生时，就不能仅仅局限于情感上的扶助，而要在物质上帮助她和她的家庭渡过难关。可以通过同学捐款、向学校申请支援等措施来帮助她减轻经济负担。并借此机会，对其进行一系列的思想教育工作，这样有利于她的身心健康成长。

（生命科学学院辅导员　曹　勇）

点　评

　　关爱贫困生的健康成长，绝不能仅仅停留在口头上，要落实到具体的实践中。通过一个个温暖细致的举动，让他们感受到关爱的阳光在照耀，使他们在关爱中自信，在关爱中自强，在关爱中不断进步、健康成长。希望我们一起来关爱贫困生，并认真研究相关工作。

贫困生认定的若干思考

从 2007 年开始，为了能够让家庭经济困难大学生顺利完成学业，政府和学校每年都会通过奖、助、贷、勤、减、补等多项措施进行资助。这对于改善高校贫困生的生活现状，提高他们学习的积极性具有非常重要的作用。然而随着这一政策的逐年实施，在三年多从事资助工作的过程中，就如何甄别贫困大学生的困难状况、如何确保经济困难大学生公平地得到适当的资助等方面，我遇到了一些难以避免的棘手问题。简单来说，就是公平问题。比如一些家庭条件不是很好、又不是最差的学生认为自己的生活很困难，获得资助是理所当然的，如果得不到资助，肯定是评选不公平。

2010 年 9 月新生报到后，国家助学金工作开始实施民主评议。初任辅导员的我在一次班会中，要求家庭经济困难的学生首先与我联系。会后就有学生陆续找我倾诉。了解到他们的家庭情况后，我的内心非常同情。但是，有一位衣着名牌的学生找到我，手中拿着当地民政部门开具的"贫困证明"。这给我留下了深刻的印象，同时也对学生手中的"贫困证明"半信半疑。

国家助学金受资助学生名单产生后，有一些学生找到我，他们认为评选不公平，理由是他们多数人没有被选上。我耐心地解释评选过程是本着公平、公开、公正的原则，由班级评议小组共同投票产生，并拿出获得资助学生的个人资料，证明受助学生确实是家庭经济困难。说服了很长时间，他们才若有所思地离开办公室。

事后，我陷入了思考，不患寡而患不均。在学生眼中，我是一个手握天平的裁判者，学生存在质疑已是事实。现行家庭经济困难学生的鉴定标准很难界定。比如，在进行民主评议时，我提出，对父母去世或离异的同学予以照顾。现在来看，这样的学生未必家庭经济困难。我提出，资助对象不能有电脑或手机之类用品。事后了解，有的学生手机价值二三百元，很多为亲友赠与，仅仅是方便与家人联系。有的家庭条件困难学生没有申请，也有的家庭条件不错的学生拿来各种证明。

在对家庭经济困难学生的帮扶中，我投入了更多的时间与申请学生进行交流，在日常生活中观察他们，力图通过更细致的工作去完善不足。但问题又出现了，"老师，不是你所了解的那样！""老师，我家里的状况也很不好，为什么不给我？"如何制订一个不拘泥于一纸证明、不拘泥于辅导员个人意志和判断，能够真实反映学生现实表现的公平公正的评定方案？这是我始终思考的问题。经过一段时间的摸索，我想有这样几点值得注意。

（1）评议小组应具有广泛的代表性。评议小组应由每个宿舍1—2名同学组成，并将各宿舍人员名单（除申请人）以及各宿舍应选举的人数写在黑板上。

（2）辅导员进行引导。为了做到客观公正，在辅导员的监督下，全班同学无记名投票、现场唱票，各宿舍中票数高者当选为评议小组成员，并征求全班同学意见。

（3）如有异议进行核实，如确有问题重新选举；无异议后，正式确定班级评议小组人员名单。

经过这些努力，问题明显减少，效率显著提高，公平性有所增强。但是，问题仍然存在，比如，评定工作中辅导员难免出现主观判断等。因此，辅导员还是要开动脑筋，完善办法，调动学生的积极性和主动性，制订符合班级实际情况的制度和方案，争取最大程度的公平。

（生命科学学院辅导员　谈　凯）

点　评

　　谈老师在工作中遇到的贫困生认定问题，是许多辅导员共同遇到的难题，具有普遍的意义。在时间紧、熟悉度不高的情况下，如何做好贫困生的认定工作，确实是一个值得探究的课题。希望辅导员认真研究，因为这是一个教育公平的问题。

班级管理篇

凝练班级特色 建设和谐班级

　　班级是学校教学管理的基本单位，是学生共同学习和生活的基本载体，在校风建设中占有重要地位。班级管理与建设可谓是辅导员工作的重心。我曾提出关于班级管理与建设的十点要求，作为班级管理与建设的总目标和总要求。比如，密切围绕评建这一中心工作，开展班级活动，为评建作贡献；凡事需有计划，要认真制订学习计划、读书计划、活动计划、早锻炼计划及班级工作计划；等等。

　　有了明确的目标和系统的制度后，我在实施过程中，始终坚持抓好班级规范化管理与制度化建设工作。班级规范化管理与制度化建设是一个宏大的系统工程。我主要从以下几个方面进行：建立健全班级规章制度，实现制度化管理；严明班级纪律，加强班风建设；建立特殊学生档案，完善学生特殊情况登记备案报告制度；密切关注学生学习，注重学生典型；做好入党积极分子的推荐、党员的培养和发展工作等。下面，仅举几例以作说明。

案例一　严明班级纪律，加强班风建设

　　要求学生严格遵守学校的各项规章制度，做到不晚归、不打牌、不赌博、不酗酒、不迷恋网吧、不浏览不健康网站。严格执行班级各项规章制度，如实行班级情况"每周一报"和班级考勤记录表（上课、晚自习、治保和教宿舍卫生）等。具体见实例：

关于 2007 年 4 月 20 日未按时上晚自习同学的处理决定

2007 年 4 月 20 日晚 7：05—7：25，辅导员先后到男生宿舍区 5 号楼 A 栋、5 号楼 B 栋和女生宿舍区 2 号楼 A 栋进行上晚自习情况抽查。抽查发现：有男生 5 人，女生 22 人，共计 27 人未按时去上晚自习。这一行为已严重违反《安庆师范学院 2006—2007 学年校历》之晚自习规定，属于违反校纪校规行为。

根据《安庆师范学院学生管理规定（试行）》第四条、第六条第二款、第五十二条，《高等学校学生行为准则》第三条、第四条，《安庆师范学院学生违纪处分管理规定（试行）》第三条和《安庆师范学院关于学生素质综合测评的意见》之三第四条第一款、之四第三条的规定精神，为严肃学校纪律，端正班风学风，批评部分，教育多数，现给予以上同学书面警示的批评教育处分。

纪律是一切行动的准绳、纲领和保障，至高无上，必须遵守。希望每位同学严格要求自己，认真学习并遵守学校纪律，不为自己抹黑，不为班级抹黑，不为院系抹黑，进而不为学校抹黑。最后，我希望我所管理的班级能少出甚至不出问题，能够为我校的评建工作做出应有的贡献！

案例二　注重典型培养，积极开展专业和社会实践活动

认真做好学生干部、入党积极分子和党员培养教育工作，指导班委会、团支部建设，激发学生的积极性和主动性。如在班级设立特色活动委员，积极开展专业和社会实践活动等。具体见实例：

"感悟师生"活动推荐证明书

尊敬的龙山小学校领导：

您好！

兹有安庆师范学院文学院 2006 级汉语言文学（5）班全体同学，希望到贵校开展"感悟师生"班级特色活动。作为 2006 级汉语言文学（5）班的辅导员，对贵校给予他们如此难得的专业实践与锻炼机会，我表示诚挚的谢意与感激！

"感悟师生"是 2006 级汉语言文学（5）班的特色和品牌活动。该项活动有助于同学们深刻了解和全面把握从备课、写讲稿、设计教案到板书设计、驾驭课堂、信息反馈、教学反思和教学总结等教学环节和教学过程；有助于提高同学们的板书设计、微格教学、教案设计、说课授课和驾驭课堂等重要教师技能与教师素养；并最终有助于培养同学们的复合型教师能力，提高同学们的就业核心竞争力，使其真正能够符合并服务于新课改背景下的基础教育的需要，从而做一名合格的人民教师。

最后，预祝活动取得圆满成功，让贵校领导和师生满意！

开展以上工作的过程，也是自我学习、自我认识、自我锻炼、自我监督、自我克制和自我改造的过程。科尔伯特说："一个国家是否伟大，并不取决于它的疆域大小，而是取决于它的人民的品格。"因此，最终促使同学们具备健全人格、良好个性、优秀品格、进取精神和创新意识，就成为班级建设所追求的永恒目标。

（文学院辅导员　高诚刚）

点　评

班级管理的起点是立规。高老师提出关于班级管理和建设的十点要求，厘清了班级初始管理所应注意的重点方向。例如，要注意班级工作的计划性、安全管理的规范性、文化活动的特色性和个人成长的目标性，等等。同时，高老师还能够结合学生管理过程中的鲜活案例进行现身说法或反面映衬，体现了言必行、行必果的管理要求。坚持育人为本，提高学生自我教育、自我管理、自我服务的能力和素质，既是高校班级管理的重要理念，也是辅导员工作的重要原则。

学生管理效益的若干思考

2007 年起，我开始了自己的辅导员工作生涯。当时，刚从大学毕业，学生管理工作几乎没有经验。凭借着对自己大学期间辅导员管理模式的回忆和理解，在学院领导的关注和指导下，在同事们的帮助下，我渐渐掌握了学生管理的套路和方法。

外国语学院学风建设和学业预警历来走在全校工作的前列。2011 级学生毕业时，共有 90 名同学考取国内外研究生、5 名同学考取公务员（选调生）；99.7% 的同学实现了一次就业，就业的数量和质量稳中有升。在学生教育管理过程中，我主要从以下四个方面入手，创新管理理念，提高管理效益。

（1）多重摸底，合理定位自我。在进校伊始，辅导员和专业课教师会针对高考成绩（英语）、大一学年专业基础课的成绩和日常表现，对每位同学的成绩进行科学分析，帮其合理定位；并实施动态管理，高年级教师会依据学生的兴趣、专业特长帮助其合理选择考研方向、求职意向。

（2）夯实基础，筑牢知识平台。英语专业是全校唯一将学位与等级考试成绩挂钩的专业，通过严进严出的培养模式，保障了教学效果、夯实了学生的专业基础、强化了生源质量。学生从大一开始，就始终将专业英语四级考试视作学业的重心，通过专业基础教学、英语（法语）专业八项技能比赛等各种专业实践活动，打牢学生的专业基础。

（3）能力锻炼，拓展素质空间。通过开展丰富多彩的文娱活动，让学生积极参与其中，兴趣爱好得到了延伸、能力素质得到了锻炼。通过班干的改选（除主要班干不改外），吸纳更多同学投身班级事务管理，增强班级的凝聚力和学生的主人翁意识。

（4）管理到位，保障培养效益。学工组在吸取教师代表、学生代表意见的基础上，修订并完善《外国语学院学生综合测评实施细则》、《外国语学院班干选举办法》、《外国语学院关于进一步加强考风考纪建设的有关规定》等制度，指导并完成班级条约等规章的制定，做到有章可循、有典可据。

各项措施的实施，使得外国语学院形成了"教风热、学风浓、干劲足、措施硬"的教学局面。

高校辅导员工作纷繁多样，复杂繁琐，而辅导员的时间和精力也是有限的。如何在这无限与有限中达到平衡，辅导员应树立管理效益观念，寻求规律，用最少的时间和精力去获得最佳的教育教学效果。提高班级管理效益，有利于班级的成长，更有利于辅导员自身的发展和成长。

（外国语学院辅导员　王　波）

点　评

王老师从四个宏观的层面如何提高管理效益给出了答案。事实上，作为一名称职的辅导员，首先要有一个清晰的管理思路。如果简单地胡子眉毛一把抓，是很难在管理效益上取胜的。但仅仅有管理思想还不够，必须付诸具体的管理行动上，尤其在刚刚开始的大一年级。

分类指导，实现学生个性化成长

自 2006 年以来，我担任辅导员的班级十个有余了。在多年的工作经验积累中，我渐渐意识到对学生进行分类指导，实现学生个性化成长的重要性。2009 年是我担任辅导员这一职务的第三个年头，9 月新学期初始，我担任了两个班的新生辅导员，专业是市场营销。在与新生的接触与深入谈话中，我发现许多学生对专业缺乏正确的理性认识，他们在军训、运动会、学生会及社团招新等这些新鲜事过后，感到空虚与茫然。帮助学生正确认识自己的专业，实现学生全面的成长成才，成为首要的和根本性的问题。

在多年的工作中，我渐渐对市场营销专业有了更深刻的认识，对学生的类型也有了一定的了解。我认为学生大致可以分为活跃型、智慧型、细致型、学术型等类型。市场营销专业毕业生的就业方向可以分为销售类、策划类、文职类等类型。通过对就业方向的分类，给学生以方向指引，使其根据自己的特点选择正确发展道路，才能实现学生个性化成长。

第一，构建积极向上的班级文化，消除"后高考综合症"。

大多数学生在高考后会出现松懈、兴奋、茫然、低沉等"后高考综合症"，主要原因是在高中尤其是高三阶段的强压结束后而出现的负向作用，他们不明确大学学习的真正目的是什么。针对这种情况，仅靠个别说教效果不会良好。为此，需要构建积极向上的班级思想文化，才能让学生以一种积极向上的思想状态投入到大学的学习和生活中。

首先，要建立有利于形成正确世界观、人生观、价值观的大学班级文化。以人生与职业生涯教育为抓手，避免空洞，使学生能以积极向上的真我形态存在。这种积极向上的思想是其整个人生各方面持续良性发展的第一基础。因此，在教育中要学会赏识学生，使学生珍惜自己存在的价值，并不断激励，使其由外在的"要我进步"变成内在的"我要进步"，引导学生给自己描绘美好的理想蓝图，逐渐培养其成就感。

其次，积极向上的思想文化有利于创新能力的培养。创新能力不仅指积极的思维功能，它还依赖于积极的思想与心理基础。以人类发展和国家进步为己任的抱负对创新行为有着很强的驱动作用。此外，积极向上的思想文化促进爱国主义教育与创新教育的有效互动。同学们能认识到自己和国家是不可分的，在培养其强烈的爱国之心和社会责任感的同时，培养其吃苦耐劳的精神。这种爱国主义教育必然使学生能真切面对我们国家的历史与现实，其思维的对象更易接近国家与社会所面临的现实问题，而不再仅仅是教科书。这种直面现实的思维习惯会促使其创新能力的提高，因为当真切的现实问题摆在面前时，强烈的爱国之心和厚重的责任感会迫使其进行创新性思维，探索问题的解决方法。

第二，客观、理性地对学生进行分类，以彰显个性的人文文化促进学生个性化成长。

最重要的是，要把独立人格培养作为人才培养的一项基本目标，突出学生的独立性与自主性。在一些活动中，尽量放手让学生自己去做，使其从中彰显个性。以人的个性成长为重点的教育是人性教育和人格教育。构建这种尊重个性的大学文化，要求师生之间能形成一种平等、相互尊重的氛围。教师要让学生能够充分自由地表达自己，实现个性化发展。

另外，要把"忠恕之道"作为个性培养的另一维度。彰显个性的文化氛围不是肆意张扬个性，那种过分张扬的个性只会破坏同学关系的和谐，造成人际关系的紧张。所以，在构建和谐的校园文化的过程中，要充分体现人文要素，要把传统思想中的"忠恕之道"

作为个性培养的另一维度。"忠"体现的是对自己的认真和虔诚，不自欺欺人，这是一种"真我"地存在，当然也是个性地存在；而"恕"体现的是对别人的尊重、理解和宽容，也就是充分尊重别人的个性。

第三，以"实践育人"的教育理念指引学生的成长成才。

在当前，构建求真务实的班级实践文化是提高高校人才培养质量的迫切需要。求真更多地表现为一种精神，是一种勇于探索真理，不放过疑惑的精神；务实则更多地表现为一种方法，向现实学习，开眼看世界。

首先，教师和学生要充分认识"实践育人"的价值，它是一种教育理念，而不是现有教育的延伸和补充。在实际工作中，我自己带头，并发挥授课教师的作用，通过指导学生制订并完成自己独立的实践方案、定期举办实践经验交流会、举办创新创意系列活动、对学生参与情况进行量化要求等形式，在班级里形成较强的实践文化氛围。在此过程中，虽然对全班同学的实践进行了统一量化要求，但对于每位同学的实践内容又进行分类指导。实行分类指导是班级实践文化能否良好建立的关键。

其次，要通过实践目标、内容、项目等的专业化来实现实践路径的专业化。可以采取以下措施：开展系列专业品牌赛事；为开阔眼界，每周举办时事论坛，论坛要侧重于科技动态及与学生自己本专业相关的理论与实践；每月布置一次案例分析作业，每一学期举办一次案例分析大赛；开展农村、社区等基层实践活动，使学生养成思考和解决身边问题的习惯。

通过四年的培养，大部分学生能够朝着自己当初设计的路线成长。一部分学生到江浙等地从事销售工作，一部分学生到相关企业从事企划等工作，还有一些学生（其中大部分为女生）走上了单位的文职管理岗位，还有少数学生成功从事创业活动，如陈漫雪、赵昕培等，也有部分学生成功考上研究生，如朱一元、钟莹等。从总体来看，绝大多数学生实现了大学初期制订的目标。更为重要的是，他们在成长的道路上成为了自己的主人。发挥学生实践活动的自觉性和积极性，对于班级的管理和学生个性化成长都起到了重要的作用。

通过这些工作，我体会到以下几点。

（1）培养学生自我自觉意识，对于学生的成长很有意义，同时对于今后的人生大有裨益。进入大学校园，已经不可能像中学那样，老师天天紧紧跟着大家为了同一个目标——高考而努力。大学里，学生要主动地成长，要将"要我发展"的局面改变成"我要发展"。

（2）辅导员不要大包大揽，要相信学生。很多时候，不是学生没有水平和能力，而是辅导员的权威把他们压制了。过多地干预学生会束缚学生的发展。辅导员对学生进行分类指导，帮助其规划好自己的路线，放手让学生自己主动去做自己的事情。

（3）培育积极向上的班级思想文化。它既是社会主义人才培养的价值需要，也是人才成长的规律使然，同时，它还能很好地促进学生创新能力的培养。

（4）培育彰显个性的班级文化。这是一种学生的个性能得到合理保护和发展的文化生态环境。它充分遵循了"以人为本"的教育规律，更是培养创新型人才的迫切需要。

（经济与管理学院辅导员　余江舟）

点　评

余老师抓住了学生管理工作中的一条至真定律——个性化指导，也即分类指导。其对所在专业、学生状况的分析和准确判断，为分类管理提供了良好基础。而在促使学生成长成才的途径和措施上，余老师提出和开展的探索实践无疑是非常有见地的。我很赞同在前期铺垫和有效引导的基础上，给予学生更多自由呼吸的空间，尤其是二年级以后，学生的自主性和判断力赋予其更多的成长成才的冲动，作为辅导员，我们需要给予支持和鼓励。

创新主题班会形式　扩大学生有序参与

　　2012 年下半年，按照学校的工作部署，在学生中开展"学习党的十八大精神"主题班会，班会采用了统一制作的课件。我用了近两个小时的时间，从十个方面对党的十八大精神作了讲解。在讲解的过程中，我发现有很多学生没有认真地听讲，甚至个别的学生在睡觉。在班会结束后约半个小时，一条手机短信引起了我的注意："汪老师，今天下午的班会，您很辛苦，一讲就是两个多小时，但我觉得我并没有什么收获，建议以后的主题班会压缩一下时间或变换一下形式，否则主题班会的意义不大。"

　　我收到短信后，针对学生提出的问题，找来了班长和团支部书记，安排他们就班会的效果进行一次调查。班级调查结果显示：近50％的学生认为班会的意义不大，流于形式，没有起到应有的教育作用；近 30％的学生认为班会的形式太古板，老师一味地说教，同学们容易听觉疲劳；90％的学生认为应该对主题班会的形式进行改革。

　　有了这次的教训后，我就在创新主题班会形式上狠下功夫。经过一个星期的准备，我又召开了一次主题班会，同样还是以"学习、宣传党的十八大精神"为主题。我将主题班会分成三个板块：一是放映一部长约 30 分钟的纪录片，让学生增加直观感受；二是安排学生围绕十八大展开讨论，主要是抓住"中国特色社会主义"这个主题和十八大报告中关于教育和就业等学生感兴趣的内容；三是辅导员的点评。我点评了学生的讨论，提纲挈领、简明扼要地作了总结发言。这次的主题班会改变了传统班会"你说我听"的固有形

114

式，学生发挥了主观能动性，参与的热情高涨，在讨论中升华了思想，在点评中深化了认识。

主题班会是辅导员开展思想政治教育工作的一项重要途径。如何有效地利用主题班会，做好学生的思想教育工作是每一名辅导员所面临的问题。不可否认，我所遇到的问题不是个别问题，而是一个共性问题，几乎所有的辅导员也面临这样的问题。针对这一问题，不同的辅导员有不同的方法，但核心的解决办法就是满足学生"参与"的需求，树立学生的主体地位，使学生在参与中受到教育。

（数学与计算科学学院辅导员　汪　沛）

点　评

作为普遍性的要求，主题班会无疑是较快传递辅导员思想和要求的重要途径。但是如何开好主题班会并取得切实效果确实大有学问。汪老师从一次自己主持的班会效果评价入手，揭示了主题班会内容与形式之间的辩证关系。作为班会之主题的重要性不仅因为辅导员的强调而深入人心，还必须重视形式的表达，特别是作为常规内容的安全、学习、思想等问题，如果单纯的老生常谈，效果将会打折。因此通过案例、课件、讨论、展示等方式切入学生的内心，其教育和引导的效果将最可期待。

抓住"两个关键"　建设和谐班风

　　2010 年 11 月的一个中午，我接到一个学生干部给我发来的一条信息："老师，今天中午我们 2009 级科学教育专业的篮球队在第三轮淘汰赛中，以大比分被淘汰。"当时，我看到信息以后，没有太在意，毕竟胜败乃兵家常事。随后又连续收到十几条内容基本相同的信息。看到大家这么关心这件事情，我就打电话问了问篮球队长比赛的情况。从他那里，我了解到这场比赛之所以会输的主要原因：一是输在气势上，对方啦啦队有百人以上，而我们的啦啦队寥寥无几，只有几个后勤人员；二是输在上场的每位队员都想表现自己，不能很好地配合，缺乏团队精神。

　　这件事情以后，我分别召开班委会、团支部、学生代表会议，不断走访学生了解班级情况。通过开会和走访，我了解到，首先是班级举行的活动太少，没有给学生搭建一个相互认识、相互交流、相互理解的平台。班级与班级之间没有形成一种你赶我超的竞争局面。其次，我所带的科学教育专业 2009 级学生大多数是独生子女，都在家长的百般呵护下成长的，部分学生对"心中有他人，心中有集体"的观念略显淡薄，对于班级的事情不够关心，班级荣誉感不强。最后，班干部、团干部工作积极性不高，对老师布置的任务虽能按时保量地完成，但是不能主动地参与到班级管理中。正是因为没有一支团结、和谐、有凝聚力、工作能力突出、奋发向上的学生干部队伍，所以才造成各个班集体没有凝聚力，班级学生没有集体荣誉感，对班级的大小事情不管不问的现象。

　　这件事情给了我很大的触动。我认为一场比赛的失利折射出的

116

是一个班级班风上存在的问题。为此，必须抓住"两个关键"，做细致入微的工作。

关键之一是要精心选拔班委会和团支部干部，建立健全班级制度。建设一个向心力大、凝聚力强的班级，必须有一支素质过硬、精诚团结、工作能力强的学生干部队伍。

学生干部的选拔、教育与管理虽然是一个老生常谈的问题，但是如何把工作做实、做细，如何让竞选者少一点功利思想、多一点服务意识，如何让广大学生满意，如何让学生脆弱的心灵变得坚强起来等问题将提醒我们辅导员还有很多工作要做。

首先，做好落选学生解释工作。每年的学生干部选拔结束，都有一些落选的学生。如何做好对落选学生的解释说服工作，如何让其坦然接受竞选结果，是我们学生工作人员要慎重考虑的问题。

其次，加大学生干部培训力度。为培养一支高素质、有创造力、复合型的学生干部队伍，做好学生干部培训尤为重要。

最后，改进学生干部选拔机制。针对传统学生干部选拔出现的一些弊端，我个人认为把公务员选拔方式引入学生会干部选拔，也许是学生管理工作的一个创新，这在一定程度上可以使选拔更加客观和科学。

班级学生干部一经选出，我立刻召开班委会和团支部、学生代表会议，商讨制订班级规章制度。在广泛征求意见和深入讨论之后，每个班级都根据《安庆师范学院学生手册》制订了一套符合本班实际的班级规章制度，并张贴到教室。然后，再召开班会加以说明，使同学们强化记忆。

关键之二是要以活动为载体，增强班级凝聚力。集体活动是富于教育力和感染力的课堂，学生从中可以受到教育、得到启发，从而培养集体荣誉感，增强班级凝聚力。除了要求学生积极参加学校组织的活动外，我还和班委会、团支部先后组织了"宿舍杯"篮球赛、羽毛球赛、象棋比赛，组织了"我爱厨房"厨艺秀、花亭湖一日游等活动。学生们积极参与，热情高涨。

　　集体活动在学生之间架起了桥梁，密切了师生、同学之间的关系，使他们由相识到相知、相容、相助，使他们互相理解、互相关怀，增进了友谊，增强了合作意识。这些活动也为学生们提供了舞台，提供了赛场，使他们能公平、公正地面对竞争，激发他们奋发向上的精神。当他们尽情体验胜利欢乐的同时，他们的人格得到了尊重，他们的参与意识得到了加强。

　　良好班风要基于班级较强的凝聚力。学生要有强大的向心力和集体荣誉感，而班委会和团支部作为建设良好班风的骨干力量，应该结合本班学生的思想、学习和生活实际来确定班级的目标。良好班风的形成，还要依托于班级组织的各项活动和学生的积极参与。丰富多彩的活动能够锻炼学生的创新能力和实践能力，能够增强班级的凝聚力和学生的集体荣誉感和自豪感，这是我们管理育人的主要目标。

（数学与计算科学学院辅导员　汪　沛）

点　评

　　集体主义荣誉感是班级的灵魂。一个缺少荣辱意识的班级一定是一个组织涣散的群体。要想带好一个班级首先要培养班级凝聚力和向心力。一个各自为政的集体犹如一盘散沙，很难面对强有力的对手。汪老师关于培养一个班级或群体凝聚力和战斗力的见解和实践是正确的。首先，培养一批具有集体荣誉感的班干部队伍，发挥队伍的引领示范作用。其次，以丰富多彩班级活动为依托，尽最大限度吸引广大同学参与其中，增强价值认可和责任认同。最后，抓好适时激励和适当批评，着力塑造班级一盘棋思想和兴衰荣辱大家有责意识。

防微杜渐　抓于初始

又是一个匆匆的毕业之季。看着陆续离校的毕业生们，我不禁想到自己所带的四个班学生已经大三结束，即将步入大四的门槛。在这三年里，自己和学生留下了许许多多的回忆！三年前，近260名经历高考洗礼的学生，来到我所带的班级，他们各有各的优缺点，各有各的行为习惯。学生们都分别给我留下或深或浅的印象。

大一伊始，计算机工科班60多名学生平时能做到不迟到、不早退、不旷课，认真完成老师布置的各项任务，课后也能保持积极健康的生活习惯。由于自由时间相对较多，这与高中时间紧、任务重的日子反差较大，渐渐的，小王同学开始放松了对自己的要求，从大二开始偶尔出现迟到、旷课现象。经过授课教师的警告，班级干部加以劝解协调后，此类情况仍然没有得到改观。我就立即采取措施，找小王到办公室进行谈话，了解他本人的想法。当我得知他没有正当理由后，对他进行了批评教育，责令其改正，并且给他制订目标，期末各科成绩不得低于80分。否则，就会将他在校表现如实反馈给其家长。

期末成绩出来之后，我特别注意了小王的成绩表，只有一门课程未达80分。不过，对于他能及时改正自己的坏习惯，我还是很满意的。第二学期，我再次找他谈话，给予他一些鼓励，希望他能够继续保持，以后做得更好。

从那次之后，我将此作为一项经常性的工作，不定期地和各班班干交流，全面了解各班学生的学习和生活情况。一旦发现问题，就及时找来相关学生进行批评教育，给定目标并使之实现。

对于高年级学生来说，则有另外一些问题需要我去关注。在大学期间，自律能力强的学生，其宿舍卫生的整洁度相对来说更高些。

根据学生会检查卫生得出的结果显示，我班一个学生寝室长期处于未达标准状态。在班级干部劝说之下，还是不能做到长期保持宿舍整洁卫生。有一天，我正好遇见该宿舍的三位学生，于是就和他们聊起了关于宿舍卫生的情况，说明了宿舍卫生整洁对于自身健康的影响，以及保持良好的生活习惯对于个人成长的重要性。他们纷纷表示赞同，并承诺今后一定搞好宿舍卫生，保持干净！

之后，班长汇报各宿舍卫生状况时，这个宿舍再未出现不整洁情况。

通过这些事例，我有以下一些体会。

第一，身为辅导员，要尽早发现问题、解决问题。发现问题后，及时与学生家长、学生干部及本人取得联系，不放弃与学生的沟通交流工作。对学生违反校规的行为进行批评教育，让其明确学习目的，端正学习态度，同时对他进行思想教育，积极引导其树立正确的世界观、人生观、价值观。

第二，发现问题的同时，应想到是不是普遍问题。发现问题后，先解决当前问题。妥善处理之后，考虑该问题是否可能会在学生中普遍存在，调集各班班干通过召开会议、谈话谈心等方式了解各班学生学习和生活情况，再决定是否召开全体学生会议。

第三，发现问题、妥善处理。

（1）找学生进行交流的同时，联系学生家长，将学生在学校的表现告知。要求学生家长定期给学生打电话，做好对学生的监督与管理，学校与家长一起对学生进行教育管理，让学生在学校能约束自己的行为，并能学有所成。

（2）共同努力做好预防措施。小王同学无故旷课后，能够得以顺利解决，可以说是大家共同努力的结果。在老师、家长和室友的共同努力下，展开对小王日常生活动态的调查，并从各自的角度分别给予他关怀与安抚，帮助其调整心态，重新走进课堂。

（3）将事件的负面影响降到最低，除了保密性外，还应注意对该同学的情绪调节。辅导员不应一味对学生进行严厉的批评，而应与学生进行谈心式的交流，帮助其尽快恢复正常的学习和生活状态。

第四，对学生干部提出更高要求。要善于充分利用学生干部来了解全班学生的各种情况，要让学生干部做好表率，带头遵规守纪，同时更要和厌学的同学、生活习惯不好的同学多多交流，促使他们好好学习、健康生活！

（计算机与信息学院辅导员　陈志伟）

点　评

十丈高台起于尘土。辅导员的管理成效得益于一丝一毫的日常积累。辅导员要有清晰的头脑，还要有敏锐的眼光；要有准确的判断，还要有务实的行动。俗话说小洞不补大洞难堵。学生管理中的很多矛盾和问题在其萌芽时，往往被忽视，而等到其根深蒂固时已经积重难返，为其所困。因此我们要善于未雨绸缪，掌握先机，及时干预，智慧化解，往往能事半功倍，取得良好的教育效果。工科学生的特殊性在于成也学业败也学业，何意？因为工程应用性的特点让他们插上了竞争的翅膀，但抽象枯燥的专业课程也足以让一些志得信满之人丧失信心。所以像陈老师那样察于细微，抓于初始，势必可以挽救更多学生的沉沦和颓废。

爱心支教滋润基层　志愿服务感动心灵

　　2012 年 7 月初，我组织了 11 名大学生志愿者，在青阳县蓉城镇开展了暑期"三下乡"社会实践活动。为了继承和发扬大学生不怕苦、不怕累的精神，深入基层、深入群众，服务基层、服务群众，以"永远跟党走，青春耀基层"为主题，我们开展了爱心支教、专题调研等主题鲜明、内容丰富、形式多样的社会实践活动。

热情：头顶高温，熔不了一颗支教的心

　　"叔叔，你好，你家小孩现在没人辅导作业，参加我们的爱心辅导班吧……"

　　尽管天气炎热，最高温度曾达到 37 摄氏度，11 名大学生仍然热情高涨，冒暑进行支教宣传、招生。除在蓉城镇五星村村口设点宣传外，还头顶烈日，分组挨家挨户进行走访、宣传，经过大家的努力，爱心辅导班共招收 53 名中小学生。志愿者们汗透了的衣服被骄阳烤干，烤干了再次汗透。大学生志愿者表示：高温酷暑，熔不了一颗支教的心！

　　"脚底板的两个水泡跟两个小笼包似的……"

　　"正好，饿了可以啃一下，呵呵。"

　　队长和队员的调侃让人一阵心酸，同时也被他们的乐观、吃苦耐劳精神所感动。安全护送每一个学生回家，是大家义不容辞的责任。中午、下午放学的时候，我们将所有中小学生集中起来，进行安全教育，之后大学生分组将所有学生护送回家。

　　学生家长对此非常放心，也很满意，对大学生辛苦细致的工作

交口称赞。尽管学生家长一再说让学生自己回家，但是大学生志愿者仍不辞辛苦，哪怕脚底起泡，仍坚持将学生安全送到家。被学生称为"雁子姐姐"的殷雁同学，因鞋子磨脚起了泡，曾在自己回家的路上，光脚丫走在余热未退的水泥路上，被同学戏称"烤鹅掌"。

感恩：让生命充满爱

"老师，你们辛苦了！"

"老师，我们爱你！"

主题感恩教育课上，大家围绕"爱是什么"展开讨论。之后，大家带着一份思考一同观看了《让生命充满爱》的视频。当同学们看到一位山区的母亲在北京城里靠捡垃圾为自己的孩子赚取生活费时不禁热泪盈眶……视频在孩子们的抽噎声中结束。

课后，一名高年级的孩子悄悄将老师拉到一边，说："老师，能不能麻烦你将所有的老师叫上来，我们有话想说。"片刻之后，当所有队员走进教室时，全体学生齐刷刷站了起来，大声喊道："老师，你们辛苦了！老师，我们爱你！"瞬间，所有队员被学生感动，女队员的眼泪瞬间流了下来。

孩子们感恩的话语，让人感动。相信在孩子们未来的人生中，爱祖国、爱父母、爱老师、爱自己会深深刻在他们心中，他们也会铭记：让生命充满爱！

笑声：留守之家有欢笑，暑期校园有歌声

课堂上，不时传来阵阵笑声，同学们的灿烂笑容记录了一个个令人难忘的瞬间。

本次支教的主旨是：帮助农村儿童有一个快乐、难忘的假期。支教团队除常规教学外，还有针对性地开展素质拓展系列特色教学活动，加强兴趣培养，增强自信心，注重提升综合素质。教学中加强互动，加强引导，发挥了学生的积极性和主动性。

第二课堂还开展了"我的未来我做主"理想教育、主题辩论赛、主题演讲、"红领巾心向党"歌咏会、"男生女生向前冲"趣味运动会、趣味手工、绘画等活动。教学有序进行，成果良好。

志愿者们还专门邀请了青阳县消防大队队长赴五星小学开展了消防安全讲座，另外开展了防溺水主题教育，发起了"珍爱生命，预防溺水，从我做起"签名活动。同学们的安全意识不断提高。

文化：文化送下乡，颂歌献给党

"留在心里的血，澎湃着中华的声音……"

经与当地社区演出单位联系，我们还参加了激情广场歌友会举办的"颂歌献给党——迎接党十八大顺利召开"文艺汇演。志愿者查彦恺同学独唱一曲《我的中国心》，表达了青少年对祖国的热爱，台下志愿者也齐声合唱，引起了台下观众的共鸣，迎来无数热烈掌声。

"作为党员、团员，我们要以革命先烈为榜样，铭记革命历史，继承先烈遗志，认真学习、努力实践，为建设和谐美丽的家乡贡献力量，为建设繁荣富强的祖国努力奋斗！愿革命英雄们安息！"

7月8日下午，志愿者们来到青阳县烈士陵园，进行了缅怀革命先烈的瞻仰活动。他们首先从周边居民家借来笤帚，认真打扫了革命烈士纪念塔的每一个角落，清扫落叶，拔除杂草，整个大扫除活动持续了一个多小时。

打扫完毕，志愿者们在革命烈士纪念塔前整齐列队，高唱中华人民共和国国歌，激昂的旋律在陵园上空回荡。之后，在队长的带领下，全体成员面向纪念塔深深三鞠躬，缅怀革命先烈。

民生：基层调研听民声，老年生活多关怀

开展支教的同时，志愿者们还开展了题为"安徽省农村老人生活质量情况调查""安徽省农村教育观念情况调查"专题调研，了解农村老人生活质量、农村教育观念等，目前已经在蓉城镇、新河

镇进行了走访，并撰写了专题调研报告。

　　经过 10 天爱心支教，我带领的志愿队开展素质拓展、实践活动 15 项；发放、回收、统计调查问卷 150 余份，完成调研报告 2 篇；参加文艺进社区演出 1 次。受到各级领导实地看望慰问 5 次，媒体采访 3 次，电视台、报纸、网络等渠道宣传报道多次。大家顺利完满地完成了志愿任务。

　　同时，我还积极探索活动的创新机制。组织机制上：校地联动。充分发挥高校赴地方团县委挂职优势，有力推动了各项工作的开展，并取得实效；主题选择上：因地制宜。精选了爱国、爱党、爱家乡、感恩、安全、民生等主题，卓有成效地开展了各种活动；活动方式上：灵活多样。志愿者根据学生具体情况，开展了形式多样、内容丰富的活动 10 余项，实现了志愿服务效益最大化；宣传报道上：多点开花。新浪微博全程报道支教情况，电视、报纸、网络等也积极报道和转载，最大限度地传递了志愿服务的时代强音。

　　看着收获满满的学生，我也觉得自己体会颇多。

　　（1）实践活动要坚持"三个结合"。一是活动开展与学生思想教育相结合，加强爱国教育。二是活动开展与服务地方经济社会发展相结合，提高责任意识。三是活动开展与党建、团建相结合，引领青年成长。

　　（2）广大学生得到充分锻炼。暑期社会实践既发扬大学生艰苦奋斗、服务奉献精神，又锻炼他们发现问题、分析问题、解决问题的能力和团队合作能力。实践表明，通过暑期社会实践，学生的综合素质得到了极大的提高。

　　（3）传递正能量，形成积极广泛的社会影响。认真开展社会实践活动的同时，加强宣传报道。新安晚报、池州日报、青阳电视台、青阳网、团省委微博等媒体积极关注青阳服务队支教活动，并进行了宣传报道。

　　（4）做好总结工作，凝练经验。对活动进行认真总结，形成文字材料，编辑图片、视频等资料。将调查问卷进行整理，形成具有理论意义和现实意义的调研报告。

（计算机与信息学院辅导员　肖之进）

点　评

　　"引进来"和"走出去"是学生教育培养的两种主要教育方式。从管理模式探索和实际教育效果看，走出校园接触社会，感受实践的洗礼，对学生的心理触动和主观启发效果更好，这同样为班级管理提供了新的视角。辅导员在组织和引导此类活动时，务必要重视前期的工作准备和顶层设计，既要考虑参与面的问题，也要考虑双方受益的因素。另外，个性化的活动内容是保证参与对象的积极性和项目持久性的必要基础。肖老师通过真正的内外互通体验探索班级教育管理的新模式值得肯定，但要注意活动后期的成果固化和教育延伸，形成持续性教育认同和心理期待是为更好。

抓好关键时段的学生安全工作

小刘，物理与电气工程学院2006级某班的一名男生学生。在入学后不久的晚上9：00，宿舍同学打电话说小刘还没有回来，他没有手机。小刘性格内向，不爱说话，平时独来独往，学习态度不积极。室友反映他最近爱看哲学、道教、佛教类的书籍，有时在宿舍冒出几句在他们看来"怪异，不正常"的话，因此他们担心他的安全。我表扬了他们对同学关心的友爱精神，询问他们是否知道小刘平时有没有接触多的同学、老乡和朋友，他们只知道小刘有个高中同学，不知道院系和姓名。我告知班干悄悄让同学们打听小刘的去处。然后，我让他们在宿舍里耐心等待，小刘一回来就尽快告知我。在宿舍楼即将锁门之时，小刘回来了。第二天我和他长谈了一次。之后他成为我的重点关注对象，直到毕业。

经过这晚的"担惊受怕"和"虚惊一场"后，在2006年有些学生没有手机的情况下，怎样保持和学生的不间断联系？我召开了主题班会，强调同学们之间互助互爱的珍贵，要求每个宿舍推荐寝室长，之后定期召开寝室长会议，了解每位同学情况，定期统计每人的最新联系方式，要求寝室长团结宿舍成员、处好关系；由班级两名治安保卫委员牵头、寝室长配合定期查寝；加强学生的安全教育，特别是在人身、财产、交通安全注意事项上做到尽可能的细致；对于性格内向的同学更多关注，做好记录，对宿舍内"落单"的学生多了解其朋友圈，做好备案；辅导员加强学习心理安全方面的知识，以便在和学生谈心时更专业、更有效。

学生的安全稳定是辅导员的基础工作。由于时间、空间有限，辅导员没法与每位学生 24 小时直接面对面接触，当前网络平台的发达使得辅导员工作开展更有成效。借助网络媒介，辅以学生朋辈联系圈，建立完备的学生联系网络，保障学生安全和谐的学习生活环境。

（物理与电气工程学院辅导员　陈丽平）

点　评

陈老师用了不长的篇幅谈了辅导员管理工作中一个基础话题：学生安全问题。这确实值得一议。安全与发展仍然是高校学生管理中的两个基本命题。前者为基石，后者为高度。作为学生管理者，既要有此认识，也要有所策略。建议可以着重做好五抓：一是抓安全教育增强认识，二是抓制度建设有章可循，三是抓管理过程令行禁止，四是抓辅助队伍拾遗补阙，五是抓监督执行赏罚分明。

抓好班级学风　规范班级管理

大学生职业生涯与就业指导课是各高校教学内容的重要组成部分。其教学大纲明确指出："要科学地讲述职业道德与职业指导基本理论，紧密联系实际，贴近社会，贴近职业，加强案例教学和实践教学环节。"

离开父母独立生活后，一些大学生要么无所适从，要么自由散漫，缺乏方向感和目的性，学习上不知道该学什么、如何学，无法很快适应大学校园的学习生活。他们认为职业规划对大一学生并不是很重要，因为还有三年才面临毕业，这造成了大一新生在大学生职业生涯和就业指导课上出现了自由散漫和无故旷课现象。通过与任课教师的交流和与学生的接触，我发现部分学生并不在意自己以后会做什么，也不清楚自己能够做什么，"等毕业后再说吧！"的想法很普遍。对此，我通过多次主题班会及个别谈话的方式对班风、学风进行整改。

在接到任课教师反映的情况后，我找了相关学生进行个别谈话。经过仔细的分析，我发现班级存在的问题主要有三个：一是缺乏规范的养成教育，一些学生没有良好的行为习惯。有些违规违纪行为已"习惯成自然"了，他们感觉不到。二是缺乏正确的舆论导向，认为大学生职业生涯和就业指导课属于非专业课，学习这门课意义不大，认为现在对职业规划太早，就业离自己还很远。三是学习目的性不够明确，上课积极性不高。一些班干部、团员骨干没有起到带头的作用。

针对这些问题，我认为有必要帮助任课教师指导学生明确这门课程的意义，从而增强学生学好这门课程的自觉性；必须从常规抓、抓反复、反复抓，矫正部分学生的不良行为习惯，"挚爱"与"严教"并重，用真心关爱学生，用行动感化学生。

因此，我认真制订了班级管理的计划和目标。首先，学规范，抓规范，从仪容仪表开始。其次，树立班级正气，培养班级"领头羊"。最后，搭建平台。通过活动增强凝聚力，转化"后进生"，以循序渐进的方式达到"班风学风转好，学习成绩提高"的目标。具体做法有以下几个方面。

（1）利用班会带领学生再次学习《安庆师范学院学生手册》，根据班级存在的问题有针对性、重点性地学。对照规则，要求每位同学找出问题并进行整改。由于学生自控能力、意志力等方面存在差异，我要求班委及学生党员及时发现问题并反馈给我。

（2）为了树立班级的正气，根据物理与电气工程学院学工组统计的考勤记录，对班级Y同学作出了"书面警告处分"的决定，班级的"邪气"被压了下去。

（3）进行学风建设，明确学习的重要性，引导学生制订学习计划，鼓励学生开展学习竞争，激发他们的学习热情。对"后进生"提倡分层教学，分层评价，为他们搭建平台，帮他们树立信心。

（4）增强班级凝聚力。班集体的凝聚力越大，其成员越能自觉遵守集体的规范，朝着班级的目标前进。而凝聚力的培养不能仅仅靠简单的说教，还要开展一些富有特色的班级活动。

（5）面对班级的"问题学生"，首先了解问题的成因，针对不同的情况，施以不同的方法。

通过自己的不懈努力，我班学习风气有了一定的转变，课堂气氛也活跃多了，各科学习成绩有明显进步。

总之，班级管理工作千头万绪，班风、学风工作方法千差万别，形势和任务千变万化。辅导员只有在实践中探索总结行之有效的方法和经验，才能使班级管理工作的水平不断跃上新台阶。

（物理与电气工程学院辅导员　王　鹏）

点 评

大一新生班级管理的重点是抓规范，而规范的核心是专注于学风建设。如何在新生中树立目标意识是形成浓厚学风的关键所在。事实上，当前大一新生的管理难点在于如何引导他们克服和抵制各种诱惑，帮助他们规划出一条适合自己的成长道路。在这方面，王老师作了深入的思考和认真的实践。他从一些容易被人忽视的细节中，发现了矛盾和问题的症结，并进行了积极的干预引导，我想这些效果一定是明显的。我一直以来赞同严教与严管，这并非说明我是一个十分苛刻的人。因为在任何幼木成长之初，必须有外力约束和引导，否则几乎皆为废材，难堪大用。

精细赢得信任

——谈辅导员工作的抓细抓实

作为兼职辅导员，我已经工作了七年。总结我作为辅导员的经验，可以概括为以下两个方面。

第一，抓细处，促主动学习之风。

第一次开班会时，我会解读何为大学生。我认为，大学生首先是学生，学生的任务就是学习，一是学好开设的每门课程，这也是广博知识的重要来源之一；二是学会学习，知识的海洋浩瀚无边，我们不可能在大学四年内学会今后毕生工作所需的所有知识。因此学会学习，掌握学习的方法，我们将会终身受益。其次，大学生的"大"，体现在我们要不同于中学及以前的被动学习，我们要在远离父母，少了一个强有力的约束时，学会主动地学习，学会担当，学会主动地规划自己的未来。

既然学生的任务是学习，所以我会在大一学年下功夫狠抓学生的学习。大一抓学习主要是使学生养成良好的学习习惯。我主要抓三个考勤：课堂考勤、晚自习考勤、晚上住宿考勤。课堂考勤，我要求班干每节课前考勤，及时向我汇报缺勤情况。一开始，我会经常去教室查看上课情况，因为我经常去看，所以班干不敢舞弊，学生也能理解班干的行为，慢慢地就会形成习惯。晚自习考勤，主要是把学生留在教室，这样也就能远离各种干扰，静下心来消化所学的课程。对2005级的学生，我和他们一起在教室上晚自习；对2010级的学生，因为有辅导员助理，他们带领新生一起自习，所以我只是偶尔去看一下。晚上住宿考勤，主要是指根据学校的规定，学生 11：00 前必须回宿舍，我经常会在 11：00 前先去宿舍查看一遍，然后观察哪些同学在 11：00 之后回宿舍，做到及时了解情况，及时提醒。晚上住宿考勤的目的是使学生养成良好的作息习惯，同时也可以防止学生在晚自习下课后光顾校外娱乐场所。

大一学年结束，学生基本能养成良好的学习习惯。我所带的 2005 级学生班级，每位授课教师都认为，学习认真，学风好。这个班的考研录取率达 26%，是 2009 年以前的物理与电气工程学院考研的最好成绩。现在我所带的 2010 级学生班级，大一第一学期零补考，这也是很少见的。

第二，做实事，为学生解决问题。

辅导员要真正地成为学生的人生导师和知心朋友，要为学生办实事，及时帮助他们解决各种困难。大一的时候，有个女生下楼把脚崴了，打电话给我。我立刻赶了过去，把学生送到安庆市 116 医院。当时，还有两个学生干部一同前往。我认为学生毕竟还小，对医院也不熟，所以我就亲自找医生、缴费，以至于医生知道我是病人的老师后，先是吃惊然后是赞叹。但我觉得这是作为辅导员的我应该做的。试想如果我不能在学生需要的时候为他们解决困难，学生又怎会和我亲近？所以平时学生需要开证明、盖章等这些小事，我都会及时地为他们完成。我正是通过这些为学生做实事、解决问题，和学生拉近了距离。曾有 2005 级的学生发短信给我说："老师，你比我们大不了多少，我们以后叫你哥哥吧。"我说："可以，不过我们把这个称呼放在课后的交往中吧。"我也曾听过其他学院的学生对我的正面评价，我想这和我能及时为学生做实事、解决问题分不开吧。

总之，辅导员的言行对学生的影响是一生的。我们要用一颗真心、用专业的知识去帮助学生，让他们在大学里能真正成长、成人、成才、成功。

（物理与电气工程学院辅导员　吴兆旺）

点　评

　　吴老师作为辅导员谈了两个学生管理工作最朴实而又最核心的问题，即学与管的问题。作为一名辅导员如果既能让班级学习氛围浓厚，又能使管理秩序井然，可以说是比较称职的学生管理工作者。吴老师在班级管理过程中体现出一个"细"字和一个"实"字，这是很精准的。前者细致入微，从细节入手，抓行为习惯，抓学习纪律，固化制度和规范，牵引学生走上正轨。后者真心实意，从小事切入，为学生操心，为学生解难，自然融入学生内心，赢得学生的信任和尊重。

智慧对待学生请假

在日常工作中，辅导员经常会遇到学生因各种原因请假。有些学生是确实有事，符合请假制度要求，但不排除部分学生随意请假。面对这部分学生，辅导员在处理时少不了要动脑筋，费心思。下面就学生各类请假情况归类分析，见招拆招。

第一，合理安排时间，避免无故请假。

这类学生因忙碌于各种学生工作和社团活动，往往由于活动丰富，时间安排过满，导致个人时间与上课时间有冲突，只得通过请假这种方式来处理时间上的冲突。对于这些情况，作为辅导员的我一般不会批准，我会细心教导，让他们意识到请假只能暂时解决个人时间冲突，解决问题的关键是要合理安排时间，妥善处理学习和工作的关系，不能因为工作忙、活动多而耽误学习。所以我告诉学生要以学习为重，要明确学习目标，珍惜在校学习时间，并且帮助学生制订合理的学习和工作计划，正确取舍社团活动，比如推掉一些不必要应酬，删除一些无关紧要且耽误时间的活动。

第二，适当排遣乡愁，选择假日返家。

经常会有女学生到办公室告诉我，说好久没回家，突然想家了，要请假回去看看。如果我不同意，她们就会哭。一些辅导员也许遇到过这种情况。想家是人之常情，如果贸然拒绝学生，会让学生觉得辅导员不近人情。单纯用纪律压制是不行的，必须以情动人，注意谈话要点。首先要稳定学生的情绪，然后帮助她解决问题。我会耐心地劝说她们，排遣想家情绪的方法有很多种，并非必须回家，可以多和家人打电话、视屏聊天。即使想要回家也可以安排在周末或者假期，这样无需顾虑，可以轻轻松松地和家人团聚。同时让学生了解到，作为父母也不希望孩子因为请假回家而耽误上课。最终，学生基本都能接受我的建议，安心上完课，放假回家。

第三，争取家长配合，杜绝节假日前后请假。

每年清明、端午、"五一"、中秋、"十一"等节假日学校都会放几天假，但还是有学生嫌假期时间短，要请假提前回家。对于这种原因请假，我是断然拒绝、绝不放行。一方面是学校有纪律要求，另一方面是辅导员的工作原则要求。所以这时候必须态度坚决，而且对所有学生得一视同仁。有时会有个别学生让家长打电话给我，替孩子求情，希望我能批假。家长说，小孩没出过远门，和一群老乡一起回家，路上回来家长放心，车票也买了，请老师能批准，以后绝不这样。听起来是情有可原，但对孩子的教育离不开家长的配合，此时和家长电话沟通正当其时。我会首先肯定家长对孩子的关爱之情，同时让家长明白，要用正确的方式疼爱孩子。作为大学生，已经成年，家长要鼓励孩子学会独立生活，要不断锻炼自己独立生活的能力，成为生活的强者。孩子一个人回家正好是锻炼的机会。这样一聊，家长一般也会认可我的做法，能争取到家长的帮助，对辅导员工作的顺利开展十分有利。

第四，请假办事，注意核实信息真假。

有些学生请假的原因五花八门。有的学生说要提前回去办事，如果等到放假回去，办事单位也放假了，事办不成。这话乍一听有理，其实不一定都这样，有的单位假期照常上班。曾有一名大一女生，在五一前夕来到我的办公室，说身份证丢了，要提前两天请假回去办理身份证，如果等到学校放假回去，派出所也放假了，就没办法办理了。我仔细想了会，说派出所假期应该还是办理这项业务的。为了证实我的说法，我打电话咨询了这个女生的户籍所在地的派出所在五一期间是否正常上班。派出所的工作人员说假期照常办理身份证。学生听到对方的回答后就不好意思请假了。我告诉她，要充分利用假期时间处理自己的事情，而且要提前了解所办事情的流程等相关事宜，这样也就不会浪费时间，耽误学习了。

第五，必要时候讲纪律，该批评还得批评。

有的学生返校前，打电话通知我说车票买不到，家里一天只有一班到安庆的车，要推迟一天或几天到校。我经常会琢磨，学生为什么不早买车票呢？学生家到学校难道只有一条路线吗？不能转车吗？作为一名现代大学生，学会选择出行路线也是生活的基本技能。学生可以利用网络轻松查询从出发地到目的地的多种路线。节假日里加班车的车次很多，即使到校的直达班车没有票，也是可以通过转乘或者选择乘坐其他交通工具的。尽管颇费周折，但是至少能按时到校，毕竟是遵守了学校纪律。一些学生能够按照我的说法做了，按时到达。还有些学生就是执意不听，结果迟到学校。对于这样的学生，回校后，我会给予公开批评，并取消本学期的评优资格。所以，在对学生进行批评教育的同时，要引导学生严于律己，要遵守学校纪律。

第六，现身说法，让学生遵守学校纪律。

我经常和那些没有正当理由请假的学生聊天，对他们进行纪律教育，主要是进一步提高他们遵守纪律的自觉性，不断增强他们的纪律意识。我会耐心地告诉他们，纪律是学生社会化的必要过程，是学生走向社会最起码的要求，因为遵纪守法是做人的底线。在将来的工作岗位上，任何单位的领导都不喜欢自己的员工上班迟到，经常无故请假。另外，我鼓励大家要学会安排时间，提高办事效率。我还举了自己的一个例子，2010 年 4 月的一个周末下午，学校人事处电话通知我第二天中午在安庆市人社局集合，到邻省某市做公务员面试考官。我当时正在开往上海的大巴上，去看望在上海做大手术的堂哥。我首先需要确认当天能否赶回，于是立马通过手机上网查询当天从上海开往安庆的汽车和火车时刻表，正好夜里 12 点有一班到安庆的火车，第二天上午 9 点多能到安庆，时间是充裕的。我马上回电话，说自己可以参加。虽然我在上海只逗留了 4 个小时，就匆匆赶回，但是并没有因此耽误第二天的工作，我感到很欣慰。

总而言之，学生请假虽然是小事，但却可以通过这样的小事看出学生的学习态度，如何处理学生请假问题，也能反映出辅导员处理学生事务的水平。把握好分寸，掌握好原则，运用好方法，智慧对待学生请假，这似乎也没那么麻烦。

（教育学院辅导员　陈安定）

点　评

如何应对和处理学生请假问题是许多大学辅导员绕不开的困惑。陈老师在这个话题上提供了可资借鉴与参考的方法和实践。请假是学生的权利，批假是辅导员的责任。在如何把握尺度上，需要我们既讲原则又讲灵活性，既要体现我们对学生的关怀，又要考虑学生的实际诉求。一般而言，低年级学生思家心切请假频率较高，女生心理细腻柔软，情感较为丰富，也容易恋家请假。除此之外，个别心生玩意、不求上进的学生也可能成为玩心思请假的"老主顾"。辅导员在分清个体类别和把握原则的基础上可以因时因事因人处理。把握原则是指制定制度，加强宣传，严格执行，一把尺子。因时因事因人不是意味前后不一，破坏规矩，特殊对待，而是要求辅导员在掌握政策原则的基础上，本着一时一人一事的特殊性，作个别处理安排，同时申明意义。这种处置既有可比性又考虑特别关怀，体现了以生为本的理念。

网络媒体篇

用真情感化迷途学生

小张，外表阳光帅气的男生，高中成绩优异，性格和外形都具有吸引力，而且善于表达，积极参加各类活动，在学院"神话杯"辩论赛中获得"最佳辩手"的称号。

2009年下半年，我休产假，2010年2月重新回到工作岗位时，发现小张大三上学期竟然有四门课补考。通过沟通，我了解到，小张在音乐学院交了一个女朋友，这名女生和他分手了，他无法接受这个事实。内心经受巨大挫折后，他对任何事情都不感兴趣，慢慢地玩起了网络游戏，影响了学习成绩。辅导员多次劝说，但他还是改不了。后来其父得知情况，来学校劝其改过。小张跪地保证，以后决不再玩网络游戏。但其父刚走，他立刻又进了网吧的大门，而且玩得更加疯狂，吃在网吧、住在网吧。他把手机也卖了，还不停地向家里谎称学校收钱，向班级同学借钱，把这些钱都用来上网玩游戏。时间一长，他和班上的同学都生疏了，也没有好朋友了，学习成绩直线下降。有段时间，他也想静下心来好好学习，可是由于他在网络游戏中已经占据霸主的地位，只要有大型的网络游戏比赛，以前的网友总是千方百计找到他，因为如果他不出征，他们所组的团队就无法获胜。无奈，小张无法躲避，于是一发不可收拾。虽然现实中情感挫败，但是在网络游戏中，他是"大哥大"，受人追随、受人尊敬。就这样，小张走向了网络的深渊，最终，因十门课程未及格而没有拿到学位证书。

针对小张的情况，我采取了一些措施对其进行引导。

每周定期与小张谈话，了解他的想法，进行引导与规劝。在班级中，安排同学进行帮扶督促，每天陪小张一起上学、放学。不定期到班级中检查他的到课情况，不到课时到网吧寻找他，劝其回来上课。发挥他的特长，让他参加相关活动，分散其注意力。在其同意的前提下，带他去进行心理咨询。在辅导员干预效果不明显的情况下，与小张家长取得联系，要求其母亲陪读，被其母亲拒绝。在大四实习期间，积极帮助联系实习单位，希望通过工作让其有所收敛。

在两年的干预引导过程中，我一直在想，我能做点什么？我还能做点什么？我的心理压力很大，因为自己清楚地看到他站在悬崖边上，却无力将其拉回来。我总是在心里告诉自己，如果你坚持，可能就会挽回一段失败的青春。虽然最终我没能帮助小张戒除网瘾，但是，我的真诚逐渐感动了他，取得了他的信任。"五一"期间，小张回校了，他第一时间联系了我。他说，已经找回了自己，从过去恋爱失败的阴影中走出来，谈了一个女朋友，在一家中型企业的办公室上班，生活稳定幸福。

通过这个案例，我明白了，辅导员的工作要超前，不能等学生沉迷网络之后，再去想办法帮助他戒除网瘾，这样戒除网瘾的难度太大。所以，要尽可能地将沉迷网络的隐患消除在萌芽状态，要尽量地堵死网络成瘾的大门。就像当初的小张，我如果能早点知道失恋对其的伤害，早点对他进行疏导，早点帮助其树立正确的自我认知，早点……，他的结局可能会更好些。

因此，我们首先要弄清楚哪些学生是网络成瘾的"高危人群"。据我观察，有这几种可能：独自住混合宿舍的性格内向的男生；经常旷课、晚归、不归等行踪不定的学生；现实生活中容易受挫、缺乏自信的学生；没有目标，不能合理进行学业与职业规划的学生。

确定了"高危人群"，辅导员又该如何去防微杜渐呢？

（1）培养大学生的网络道德素质，提高他们对网络的认识和自律能力。网络代表尖端高科技的发展水平，又是一个充斥着各种思想和观念的虚拟空间。网络独特的虚拟环境，使得不法分子利用网络实施诸如信息诈骗、性侵犯等不法行为。而对于涉世未深的缺乏社会经验的大学生来说，很容易上当受骗，甚至参与其中。因此，我们要把网络文明、网络道德规范教育当作一项重要的思想教育内容，利用学校思想教育的主渠道对学生进行正确的引导，让大学生真正懂得网络不但有看得见的数字技术要求，也有看不见的伦理道德规范的要求。在开展计算机网络技术教育的同时，引导他们对网络成瘾、网络的负面影响进行深层次的了解，提高对网络的科学认识，自觉树立正确的网络道德观和自律意识。

（2）提高大学生正确使用网络水平，为防范网络成瘾提供技术保障。我们应该正确引导大学生对信息网络的浓厚兴趣和求知欲望，趋利避害，有效地发挥互联网的作用，把大学生的主要精力集中到有利的方向上来。一是要让他们充分了解网络的功能与特点，掌握其具体的操作技能，自觉地把网络当作学习、工作的工具而不是游戏和聊天的空间。如通过教学、培训、兴趣小组、网上知识竞赛、网络信息咨询、网络科技知识解答、网上新闻调查等活动，激发大学生学习网络知识的兴趣，提高使用网络的技术和水平。二是要经常告知学生，在上网之前必须设定目标，有选择地进入各类网站，查找相关的资料，不能无目的地在网上漫游。

（3）重视对爱好网络游戏者的心理健康教育，为大学生营造一个良好、宽松的成才环境。网瘾是过度使用网络而产生的一种心理依赖和行为习惯，必须通过心理治疗和教育等多种措施来解除。为了防范网络成瘾，一是要对大学生加强心理健康教育，引导他们正确处理现实的人际交往与网络虚拟生活之间的关系。二是转变教育观念和教育方法。学校要多组织内容丰富的社会实践活动，多开展形式各样的学术交流活动，以减少学生上网的时间，从而使学生在活动中提高自信心和人际交往能力，在活动中感受到同学间的友谊、团结协作给他们带来的愉悦。

（文学院辅导员　程　莹）

点　评

　　程老师所列举的是一个教育效果滞后的案例，案例的干预前后充分体现了程老师高度的责任心和爱心，很好地诠释了辅导员"人生导师"的角色定位。此案例在辅导员工作室中是常见的，却常常被很多群体所忽视。程老师运用了教育引导、朋辈帮扶、心理咨询、社会支持等工作方法，效果虽然没有立竿见影，却在无形中慢慢地感化学生。"如果你坚持，可能就会挽回一段失败的青春。"她发自内心的呼唤足以感动着每一位学子和每一位读者。程老师给予我们的启发就是，我们的教育不能着急于制造"速成品"，而是要给予学生更多的成长空间，只有让学生自觉地从内心走向行动，从行动走向更加坚定的方向才是我们教育最终的追求。

大学生网络成瘾案例分析

个案分析

盛某，男，1995年2月出生，在校学生。

（一）背景资料

家庭背景：父亲原本是某事业单位中层干部，2002年的一次严重车祸后，为了恢复身体，辞去了领导职位，现在是该单位的一名普通员工。母亲和父亲在同一单位，她自幼优秀，中考以全县第二名的成绩考取中专，现在是该企业的一科室科长，其业务能力非常强。盛某就读初中之前性格外向，极其顽皮，初中以后，开始沉默寡言，极其内向，而且胆小，不敢抬头跟别人说话。

盛某小学三年之前成绩都很好，尤其是数学。到了四年级，因为换了一个数学老师，这个老师每次对其做错的数学题，都会用红笔打一个大大的"叉"，致使孩子不喜欢数学老师，也不喜欢数学。盛某初中就读于县城最好的中学，进了最好的班级。盛某父母有两个同事的孩子与他同一学校，同一年级，每次考试，只要盛某的成绩比那两个同事的孩子差，盛某的母亲就会坐立不安，对盛某的管教就会变本加厉。盛某开始出现各种不适应，尤其是数学的学习。家长认为可能数学老师以前不是教数学的，缺乏数学教学经验，因此又将盛某转到农村中学，此后家长一直陪读。初二开始，家长发现盛某上网看玄幻小说，在没有任何沟通的情况下砸了他的MP4。到了初三，母子关系非常紧张。盛某中考数学考了135分。高一时，有一次其母亲夜里起床时发现客厅里盛某的鞋子不见了，紧接着又发现盛某不在房间，而那时已经是凌晨两点多，父母赶紧到各网吧去找人，也打电话给盛某表哥让其在网上给他留言。当凌晨三点多父母到家后，孩子已经到家了。从此以后，盛某父母就在他房间打地铺陪睡直至高考结束。

个人情况：盛某从小学到高中，由于父母管束非常严格，所以网瘾得以抑制。进入大学后，其父母的管制相对少些。因为性格内向，进入陌生环境后，跟同学交流比较少，更加喜欢进入网络世界宣泄自己的情绪。但是因为班级管理比较严格，他上课不迟到、不早退，更不会旷课，但上课是"身在曹营心在汉"，经常处于神游状态。

（二）主要问题

进入大学后，开始迷上了网络游戏。大一上学期时有两部手机，一部用于应付班级上课收手机点名，另一部用于上课玩游戏，大一上学期期末三门专业课考试成绩不合格。大一下学期家长收走了一部手机，他转而在宿舍借用其他同学电脑玩游戏。盛某认为自己不适合学数学，学习成绩不好是因为自己的学习能力差，没有学习欲望，喜欢沉迷于虚拟的网络世界，对未来很茫然。

（三）问题分析

盛某沉迷于网络世界的主要原因是：不愿面对现实。长期以来，盛某认为自己数学成绩不好是由于自己没有能力学好数学，形成习得性无助感。但是在网络世界中，他获得了现实世界中所不能获得的赞许与认可，以及现实世界中难以获得的亲情、友情等。正是由于这些原因，使得盛某沉迷于网络世界。对未来感到迷茫也是其不愿面对现实生活的一种表现。

（四）服务模式

根据盛某的具体情况，制订切实可行的治疗方案——交流疗法，并且量身定制治疗计划，并帮助盛某落实计划。

与盛某积极交流，跟其形成良好的朋友关系，积极引导其将成长过程中不愉快的经历倾诉出来，让他在现实生活中获得人际交往的成就。对他进行心理干预，使其明白他目前的状况，了解网络成瘾的危害性。另外，积极鼓励他努力学习，降低其对学业的焦虑。就学习中遇到的障碍进行客观的归因，帮助其摆脱习得性无助感。盛某接受治疗后，对他的行为进行了评估，使其能够清晰地认识自己目前的状况。

父母对孩子的任何焦虑和担忧都有可能会给孩子极强的负面暗示。因此，在治疗过程中也要积极跟父母沟通，指导家长尤其是其母亲放松心情，和孩子建立亲密信任的亲子关系，让盛某切实感受到亲情的温暖。

（五）服务计划

总体目标：帮助盛某摆脱网瘾，重新回到现实生活，展开新的人生追求，并帮助其对未来进行规划，使其生活充实。

第一，工作计划。

（1）走进盛某的宿舍，走进盛某的生活，积极发现盛某的兴趣所在，通过与其交流感兴趣的话题，来增强他对治疗预案的兴趣。

（2）对亲子关系僵化、恐惧数学及沉迷网络等问题进行深入探讨，倾听盛某内心真实的想法，了解他的真实需求。

（3）总结交流成果，并对交流过程中出现的问题进行汇总，制订工作计划表，以帮助盛某治疗网瘾。

（4）与盛某探讨计划表的可行性，并针对他提出的意见和建议对计划表进行调整和修改，使计划表尽可能切实可行。

（5）评价治疗效果，为进一步治疗做好准备，直至帮助盛某彻底摆脱网瘾。

（6）将盛某的点滴进步都及时向家长汇报，让家长心中燃起希望，缓解家长的焦虑，为和谐的亲子关系抹一层润滑剂。

第二，介入过程。

与盛某进行全面深入的交谈后，盛某能与我积极探讨治疗计划，在我的帮助下，制订了详细合理的计划书。

在此后的一段时间内，盛某能严格地执行计划书，也能积极主动地让室友监督他。遇到困难时，能积极跟我交流，及时摆正心态，积极配合治疗。

经过一段时间治疗后，盛某的精神面貌发生了较大的改观，面对现实生活的态度也越来越积极。

（六）成效评估

个案治疗比较成功，经过一段时间治疗后，基本戒除网瘾，治疗达到了预期效果。

（七）个案反思

大学生网络成瘾原因极其复杂。但就我工作以来我遇到的网络成瘾的同学大多有共同特征：没有融洽信任的亲子关系；性格比较内向，易自我封闭，人际关系冷淡；极其不自信，在现实生活中找不到成就感；生活没有目标。一旦离开虚拟的网络世界，精神极易空虚，这种空虚使其产生恐慌感，而为了摆脱这种恐慌，又得借助网络，形成恶性循环，因此需要进行及时有效的干预。

（数学与计算科学学院辅导员　金海平）

点　评

本案例具有一定的代表性，是目前学生中普遍存在的问题。案例问题剖析合理透彻，解决方案针对性和可实施性强。尤其是引入家长的介入和后续跟踪反馈的方法是十分值得倡导的。案例反思较为深刻全面，学理性和延伸性如再加以提炼，案例的代表性会更强。

班级舆论的有效 "转身"

4 月份的时候，学生考研成绩公布了。我院考研形势一片大好，低年级学生的考研热情高涨。因此，在一次开班会的时候，我提到在大三学年的时候，如果可以的话，将对班级宿舍进行调整，让考研的同学集中住宿，让创业或者准备就业的同学住在一起，尽量减少同学之间由于作息时间的不同而造成的影响。同学们当时反映不一，所以我打算进一步做调研后再做决定。

5 月份的时候，学院为了加强宿舍卫生管理，需要对各宿舍党员、班委成员等情况进行统计。在召开班长例会的时候，我把这个通知传达了下去。可能是由于班长通知的时候表达不够清楚，产生了歧义，加上之前的那个关于调整宿舍的班会，部分同学误认为，这次统计宿舍名单就是为了大三考研时宿舍调整而做准备的。于是，有同学以 "木田香" 的网名，在学校贴吧里发帖子。帖子的主要内容是：辅导员唯成绩论、唯考研论和歧视非考研同学等做法不利于班级团结和稳定。其他班级的同学看到后，第一时间就转发了，而且在班级 QQ 群里连续转发。顿时，班级 QQ 群里像炸开了锅，当天晚上我就接到 38 个电话。我感到事态严重，立即召集六个班长开会。根据班长反映的情况，我能判断出发帖学生应该就是（2）班的杨同学。

反观整个事件的经过，发现网络舆论传播有以下几个特点。

（1）传播速度快。随着学校网络化建设的完善，学生可以在宿舍、教室通过电脑、手机等工具随时随地发布信息。

（2）内容的时效性。学生往往在未经过详细了解和核实的情况下，就快速发表自己对某些问题的看法，并且不计后果。

（3）响应的及时性。关注网络的同学众多，涉世未深，经验不足的学生，很容易被不实消息蒙蔽，忽视了对信息真实性的考证，并迅速成为信息的传播者。

我把杨同学叫到办公室，根据《安庆师范学院学生手册》学生违纪行为与处分第十二条第八项有关规定，对他的行为进行了批评教育。但是转念一想，一味地批评可能会导致逆反心理，他可能会进一步利用网络发布不利信息。在他认识到问题的严重性以后，我对他说："小杨，你的电脑技术水平高，现在利用网络创业的成功例子很多，你可以利用网络做很多有意义的事情。既然事情已经发生了，幸好没有造成很坏的影响，至于要不要处分可要看你的表现了。现在，你有没有什么好方法可以尽快解决这个问题，让同学们消除误解。我想听听你的建议。"

他想了想，说："解铃还须系铃人。我建议继续在贴吧里发言，只是要换一种口径。"

我对他的想法很感兴趣，于是和他一起商量了要发帖的具体内容。下面是帖子里面对话的细节。

木田香："今天换宿舍事件充分检验了宿舍感情的坚贞，大家都满分通过了测试，哈哈……"

小哎："你就是个大傻瓜，害得我们宿舍的散伙饭都吃了，呜呜呜……"

若兰："住了两年的兄弟了，谁也拆不散咱们，辅导员是绝对不会这样做的！"

还有人说："辅导员才不会换宿舍呢，马上期末考试了，只有傻瓜才会相信这个消息。"

木田香："同学们，我错了，对不起大家，让大家跟着误会。"

随着帖子的发布，很多同学跟帖，经过一番交流，QQ群和贴吧逐渐安静了下来。一场因网络而起的事件，用网络的方式迅速平息了。

经过这件事情，我有了以下几点认识。

（1）加强学生舆论监管是辅导员思想政治教育的一项重要工作。

（2）辅导员要学会利用各种先进的、学生喜闻乐见的自媒体和学生交流，让发达的媒体成为辅导员的有效管理工具，而不是负担。

（3）要为学生反映问题创造畅通的渠道。如果班级内部有十分有效的反映问题的渠道和方式，学生就不会轻易地在网络上发"牢骚"。

（4）对犯错误的同学要进行正确的引导，不能一味地批评，充分利用学生的特长为班级服务。

（5）做任何事情要多做调研，不能凭空想象。鉴于本次学生对于宿舍调整之事反应强烈，此事还要三思后行，以免弄巧成拙。

在当下网络信息发达的时代，不良信息的传递具有迅速性和匿名性，监管的难度大。辅导员要提高学生对不良信息的免疫力，不要让学生成为不良信息的制造者和传播者。辅导员要提高警惕，把握网络话语权，提高大学生的网络素养。

经过这件事情以后，杨同学的觉悟有了很大提高，经常在班群里发布正面积极的信息。经班委会讨论和班级投票，杨同学被（2）班选为班级网络委员。

（化学化工学院辅导员　杜百忍）

点　评

本案例十分具有代表性，事件的处理也十分灵活恰当，是一个优秀的网络思想政治教育案例。杜老师在班级舆论传播的关键点上及时发现问题并进行了有效的疏导，尤其是在指导学生自己将不良信息转化为班级趣事的把握上，做得十分微妙。同时杜老师能够把握网络传播的规律，运用科学化、时代化的工作方法来开展工作。班级"网络委员"的设置就是一个很好的体现。此工作理念和工作方法值得很多辅导员借鉴。

"好学生"也有网瘾

李同学，环境科学专业 2003 级学生，大一时曾获得二等奖学金，并担任了班级副班长、学生会副主席等职务，参加了学校的"青春与道德"主题辩论赛，获得"优秀辩手"等荣誉称号，具有较好的组织能力和沟通能力。

大三开始，李同学被网络游戏吸引，上网越来越频繁，网瘾越来越重。他还经常通宵上网，把大部分时间和精力都用在了网络游戏上，花在学习上的时间越来越少，学习成绩也越来越差。学院领导和辅导员知道后，主动与他联系，要求他振作起来，戒除网瘾，提高学习成绩。经过一段时间的努力，李同学上网时间逐渐减少，精神状态有所好转。当时李同学正处在党员的预备期，学院以此为契机对他进行教育，教育他如何发挥党员的先锋模范作用。为了顺利转为正式党员，对他提出了更为明确的要求。学院领导和老师让他负责组织"网络的利与弊"系列活动，活动取得了较好的效果，既教育了别人又进行了自我教育。

在李同学即将毕业的时候，全国各地都在开展环境污染源普查工作。学院主动联系了安庆市环保局等单位，要求承担安庆市企业和餐饮业的污染源普查任务。同时，利用长期的合作关系，把安庆市环保系统单位作为毕业生实习和就业单位，要求对方在参与污染源普查的学生中挑选毕业生。学院领导积极鼓励小李同学认真做好污染源普查工作，掌握更多的专业知识，在实习的过程中好好表现，并积极向安庆市环保系统单位推荐他。通过领导、老师的帮助以及小李同学本人的积极努力，他最终被安庆市环境信息中心录用。

　　网络是一把双刃剑。它可以开拓我们的视野，学到丰富的知识，同时，也让一批痴迷的网虫荒废了学业，贻误了青春。据统计，大学里留级退学的学生中有一半以上与沉溺于网络游戏有关。学生如果把大部分时间和精力沉迷于网络游戏，会导致精神倦怠、学习目标缺失。他们无心学习，在虚拟的网络世界里纵横驰骋，荒废了学业。把自己的精神寄托于网络的，很多是没有学习目标、自制力弱的学生，也有一些是平时表现非常优秀、能力非常突出的学生。像小李这样的学生，如果老师不及时加以引导，帮助他通过自我调整及时跳出网络游戏的诱惑，即使自己能力强、素质好，也极有可能在大学里一事无成，甚至退学。这种例子屡见不鲜。

　　有人说，"走弯路"是大学的必修课，固然有一定道理，但如果长时间走在弯路上，没有回到正确的轨道上，就非常危险。大学生沉迷于网络游戏的不在少数，他们对网络的依赖性强，最终会浪费青春，荒废了学业，挥霍了钱财，影响前途。从事学生工作的辅导员要及时发现苗头，及时帮助他们纠偏。对于各方面表现较好的学生，也要承认的确也会沉溺于网络游戏这个事实，要想办法创造条件纠正他们存在的问题。

（资源环境学院　刘燕杰）

点　评

　　本案例看似很普通却是一个十分重要的问题。这就如同"成品"与"半成品"，区别就在于几个关键的环节，做的好将成为"成品"，而一旦忽略了个别环节，就有可能成为"半成品"抑或是"废品"。因此，面对我们身边的一些优秀学生，我们更应该严格要求，不能放松对他们的教育。刘老师在案例中除了运用组织帮扶、榜样引领和自我教育等传统方法，还巧妙地运用了心理学中的"暗示"来对学生进行潜移默化的教育引导，使学生在大学里"少走弯路"。

153

宿舍生活篇

拨开乌云见蓝天

——谈女生宿舍矛盾的处理

马 A，学习成绩优秀，家庭状况良好。记得大一刚入学那天，她父母在报到时就跟我说，马 A 各方面都很"优秀"。关于学习方面的优秀，事后证明所言非虚。

马 A 同学所在的女生宿舍是六人间。召开新生家长见面会时，许多学生家长围着我，担心地询问：为何不是四人间？可不可以换宿舍？宿舍洗澡的问题怎么办？……马 A 就这样和其他五人分在同一个宿舍了。关于分宿舍，我还是尽量有所顾及，进行我理想化中的均衡分配，如三名城市学生与三名农村学生搭配，每个宿舍都分配一名外省学生，考虑学习方面能够形成互补，等等。对着新生《家庭基本情况汇总表》我一遍又一遍地思考着，研究着。

第一年，风平浪静。马 A 学习非常刻苦，并获得了国家奖学金。安静的湖面下其实波涛汹涌，不久矛盾就爆发了。大二开学不久，马 A 的家长打电话给我，说女儿所在宿舍的内部矛盾很大，宿舍五人孤立其女，给学习、生活带来很大的心理障碍。据说，还差点发生肢体冲突。长此以往，孩子都有生命危险，希望辅导员出面协调。

接到电话，我很诧异，怎么回事？于是，我分别找另外五名同学进行单独谈话，结果，五名同学说法不一，各执一词。于是，我打算采取圆桌会议的形式，让宿舍成员之间面对面一起解决问题。问题的症结主要在于马 A、马 B 和李 A。

我让每位同学介绍这一年彼此的学习生活状态，评估自己性格的优缺点，并对室友作出评价。

马 A 首先向李 A 发难："你作为寝室长，为何每次短信都没发给我？况且也不及时？为什么你的衣服非要放在我的床梯上不可？我每次爬上床都很麻烦。"

李 A 非常生气："我短信每次都群发了啊。有时没收到肯定是你手机问题，有时候我以为你知道，就没有跟你说。那个放衣服的床梯是共用的，凭什么我就不能放！"

"我手机有问题？你不通知，我怎么会知道？你作为寝室长负起了自己的责任吗？"

"你不是神通广大吗？你不是学习成绩很好吗？你不是学生会的干事吗？为什么还要这些通知？"寝室长咄咄逼人。

马 A 气得脸色发紫，我也看出两人结怨很深。我当场批评了寝室长的不对，强调了寝室长也是班干部，要有胸怀，要以宿舍的和谐稳定为第一要务。刚才说话明显言语不当。寝室长不语。

我顺势转移矛盾。马 A 与马 B 就像一对"冤家"。马 B 一开口就语出惊人。

"跟你在一起就跟坐牢一样！"我顿时吓了一大跳，同宿舍用"坐牢"来形容是一件多么恐怖的事情啊。

"我没有把门关紧你会批评我，我不敢在宿舍里梳头发，我不敢视频聊天，我不敢将手机放在宿舍里，怕你看我的短信。你还做了一件最最令我伤心的事情。大一的时候推销电话卡，我让你帮忙，你问可有提成？我说有一点。你说帮我可以，但是必须将我的提成给你。你当时还反对我干这种事情，说我像逼着室友买自己的卡。为了这件事，我哭了很久很久，并打电话给家里哭诉。我只不过家里困难，想挣点生活费，竟然被室友不理解乃至误解，我非常难过。"马 B 越说越难过，直至泣不成声。

我赶紧递上纸巾。我对马 A 要拿提成的要求非常生气，还没等我开口，马 A 坚决否认自己要钱的事情，这样的事情她不会干的，她不是这样的势利小人！

"你肯定忘了当时所说的。你给别人造成的伤害你怎么会记得？还有在一次宿舍卧谈会上，室友说我们两个都姓马。你很鄙夷地说了一句，'谁跟她一家啊？'这句话深深地刺痛了我，同时也让我恨你到现在。"马 B 依旧在哭诉着。

在这种情景下，我所能做的就是要保护"受害者"，指出马 A 的不对。当然，马 A 也能坦然接受。

但是她没有道歉，继续申辩："我当时所说的都是玩笑话。关门那件事我不是每次讲，现在我不讲了；你每次都不在室外梳头发，地上全是头发，非常难看，我自己每次都到阳台上去梳头发。即使在室内梳头发，你也应该及时打扫掉。在阳台上晾衣服的水应该放在盆里，不应该随便放在阳台上；杯子里的水应该倒进卫生间，怎么能随意倒在阳台上？你那视频聊天的问题，就是不应该，你应该充分考虑我的感受。你每次视频应该先通知我，你跟男朋友视频，每次聊得很晚，我就住在对面，你男朋友能通过视频看见我，这是对我的不尊重，你可想到了？至于看你短信的事情，就那一次，况且不止我一个人看的，那是出于对你们恋爱的好奇。"说完，她也很委屈地大哭起来。可见积怨已久，哭出来也许是有效的释放。

这下，马 B 急了："我们视频聊天一般不是很晚，说什么说？难道你在吃饭的时候，还要跟你汇报我要聊天吗？"

"反正我就是不能接受！"

马 A 说的，我相信有几分真实性。我寻思着，马 A 与马 B 来自不同的生活环境，生活习惯差异比较大。其实这就需要他们相互理解，相互宽容。

我对马 B 说，马 A 说的诸如在宿舍梳头发的那些不良习惯，你有真正认识到吗？会改吗？马 B 默默点头，然后表态，不良习惯我肯定改正。

"其实好习惯的养成，对自己一生都有重要的影响。虽然是一个小小的习惯，这反映了一个人的涵养和素质以及其他诸多品质。

有人指出自己的不对，如果是正确的、有意义的意见，一定要接纳并且改正。其实这才是真正关心你、关爱你的人，是你的诤友。视频聊天的问题，可以提前告知马A，也能避免双方的尴尬。至于梳头发之类的事情都是小事，但是不解决，长期堆积就是大事。"我对着所有人强调道。

马A哭着说："我真的希望你们那些不良习惯可以改掉，这其实并不是城乡差异的问题。我每次在自家的卫生间梳头发，散落的碎发不及时捡起，就会增加妈妈的劳动量，我妈妈每次拖地都很辛苦，所以你们要为自己也为别人改掉坏习惯。还有，大家都要好好学习，不要在大学里什么都没有学到，最后一事无成。"

我知道，宿舍其他五人学习成绩一般，很少上晚自习，要么在宿舍看电影，要么集体出去逛街。马A与她们相比，在学习方面有优势，所以才有如此"寄托"，一旦在学习上一骑绝尘，很可能就被其他人嫉妒、排挤乃至无情地孤立。

马A的话刚说完，其他五位同学似乎都有触动。马B立即和马A拥抱，哭泣着说："对不起，都是我不好。"寝室长也站起来拥抱他们两个人，"都是我寝室长不称职，没有团结好大家。"剩下的三位同学也趁机安慰。场面很是感人，此刻我甚感欣慰。

我深刻理解，宿舍关系对个人成长的重要性，如果在宿舍分帮派，互相孤立，或者"老死不相往来"，那真是"悲惨世界"。我真诚希望学生宿舍是大学生温馨的港湾，而不是是非之地。马A一年多来很晚才回宿舍，一方面是上自习，另一方面是减少和室友的相处时间。回到宿舍，其余五位同学就立马"失语"。今天的调解能有这样的效果，还是令我满意的。

我再次强调了宿舍关系的重要性、学习的重要性，以及人格魅力的形成等道理。对三位"中间人"也提出了具体的要求。

马A最后发来了短信："谢谢辅导员，今天下午抽出时间来帮我们解决宿舍问题，也让我发现了不足之处，我会改进的，以后说话或者提出意见的时候会注意自己的语气，尽量地包容他人。我会努力的！"马 B 和寝室长也发来短信表示和好。此后，她们宿舍关系渐入佳境，有很大改善。

参加工作以来，我发现男生宿舍内部的矛盾比较容易解决，而女生宿舍内部矛盾具有突发性、难以调和性、反复性等特点而难以解决。地域因素、女生个体因素、家庭教育因素、学校管理因素都是造成矛盾集中的原因。如何培养良好的宿舍关系？一方面要大力提高女生的自身素质，加强人际关系的培养，完善自身的性格。另一方面学校要加强管理，不断完善住宿制度和条例，强化辅导员和班主任的作用。

希望宿舍里不再有孤立，不再有对抗，只有和谐与感动。

（文学院辅导员　方盛汉）

点　评

本案例是女生宿舍生活中的一个典型案例，较为常见。是否考虑室友的感受是影响宿舍关系的重要因素。另外，个人卫生习惯的不同也是容易引起宿舍矛盾的因素。一般情况下，女生宿舍的矛盾不是一朝一夕形成的，而是一点一滴地积累最终有了外向显性的爆发，比如吵架，甚至动手打架。如本案例中的宿舍就是如此。

学生宿舍管理是班级管理的重要抓手，也是辅导员日常工作的重要内容。方老师对于这个问题的处理比较有经验。他很好地运用了教育学中的集体教育原则（又称平行教育原则），采取圆桌会议的方式，通过教育集体的方式来教育个体，通过教育个人来影响集体，最终让宿舍成员认识到了自身的错误，取得了相互的谅解，圆满地解决了问题。要注意的是，本案例中的圆桌会议的形式并不是任何时候任何地点都能采用的，这要求辅导员事先对全局情况和每个个体的想法有一定的了解，要求每个个体有参加这个圆桌会议的意愿，并且要求辅导员对于局面的掌控有较强的能力。否则，圆桌会议上谈崩了，会使问题陷入更加被动的局面。

意外的"收获"

　　我担任辅导员的时间并不长，但通过细心的观察，开始慢慢地了解了这一帮学生。不仅是在学习上，我也在生活上深入到学生的宿舍中去。这一深入，让我认识到了宿舍生活的重要性。

　　期末考试结束后，我看到了最后的成绩表，意外地发现有一个女生宿舍的四名女生成绩排名全都在前十以内，分别是第一、第四、第七、第八。就我平常对这几个女生的了解来看，她们都是十分贪玩的学生，甚至还被我抓到过逃课，却都能取得这样的成绩。况且，当时分宿舍的时候，各个宿舍的成绩都是经过合理分配的，她们宿舍的情况也是如此，有班级录取分数最高的学生，也有分数最低的学生。而当初那些看起来踏实认真的学生居然排名靠后。于是我决定"一探究竟"。

　　新学期开始后，我的工作忙碌起来，就住到了学生宿舍中。这也方便了我研究这一现象。我会经常到各个宿舍走走。大多数宿舍都很安静，各自在忙自己的事。可是每次经过她们宿舍时，总能听见宿舍里声音嘈杂，嬉笑声不断。而且我还发现，每次上学和放学的时候，她们都一直是四个人，几乎很少出现单独到教室的情况。上课时，四人经常坐在第一排。在很多活动的报名表上，我发现，她们的名字也是经常以集体形式出现。我似乎看出了一点端倪。

　　终于有一次，我把她们叫到办公室，问了问她们的情况。她们还是很闹腾地在一起，笑嘻嘻地争着描述情况。寝室长反映："老师，我们宿舍人都很活泼、也很贪玩，但是我们都很喜欢这样的室友。我们每天都在一起'疯'，但是我们也会在一起学习。我们上课的时候都尽量坐在前排，快考试的时候还会集体早起晚睡背书。我们平时也有学习计划，我们宿舍有一个课程表。为了考研，我们都已经订好目标了。"整个说话过程中，她都是以"我们"来称呼的。这让我感受到了她们的融洽氛围。之后，我又找了几个性格内向、学习认真的女生，询问她们学习上是否遇到什么困难。其中一个女生说："我们宿舍的女生都喜欢看电视剧，而且都追剧。有时候晚上想看书还是会被干扰，但是去自习回来迟了，又会打扰她们。所以学习效率很低。"我明白了，成绩表上的"怪像"是有道理的。接着我又了解了更多宿舍的情况，发现矛盾多、交流少的宿舍学习成绩也会相对靠后。

于是我在班级开了一个简短的班会，告诉同学们要注重宿舍氛围的培养，同学之间要做到相互理解，有问题才能得到协调解决。我强调，宿舍是另一个课堂，它传授的不仅仅是知识，还包括宽容、理解和合作共赢的道理。

就这件事来看，我分析如下。

（1）宿舍是学生的另一个课堂，宿舍整体氛围会影响个人的发展方向。

（2）必须全方位地了解学生的学习和生活状态。

（3）学生的宿舍生活问题其实有很多，只是很少暴露出来，但是隐形的矛盾更为危险。

（4）在大学里处处都是学习的地方，不能仅仅局限于课堂。

对此，我总结了一下自己的认识。

（1）作为辅导员，应该关注学生的每一方面，不能忽视宿舍生活的重要性。

（2）看问题不能只看表象，要看本质，不能仅仅凭表面就轻易下结论。

（3）平时应该多和学生交流，了解他们的情况，然后帮助他们解决生活上遇到的难题。

通过这件事，我认为作为一个辅导员，应该做到以下几点：首先，一旦发现问题，就要细心并耐心地观察学生的宿舍生活，在充分了解情况的基础上，针对不同的宿舍分别给予不同的建议。其次，对于学生的印象，不能仅仅停留在学习态度和成绩的表面，而应该多方面观察，从整体的角度来品评一个学生。如果一开始就"主观先入"，很有可能会在不经意之间就伤害了学生的自尊。最后，不能忽视教学区以外的学习环境，大学期间里，学生接触最多的还是室友，因此，必须要建设良好的宿舍文化，使学生的个人素质能够在大学里真正地得到提升，这样才能达到高等教育的目的。

（文学院辅导员　施　维）

点　评

从案例中可以看出，施老师是个有心人，能对班级管理中的某个现象进行深入的研究和思考，进而更好地指导自己的工作。

高校学生宿舍是大学生学习、生活、娱乐、休息、交际的重要场所，除了课堂活动以外，大学生绝大部分的时间是在宿舍度过的。宿舍是大学生的"第一社会、第二家庭、第三课堂"，是对大学生进行思想政治教育、素质教育的重要阵地。团结互助、融洽相处、志趣相投的宿舍氛围会让每一位身在其中的学生受益匪浅。因此，辅导员要把学生宿舍的氛围建设作为工作的重要内容，这会对班级的班风和学风建设起到事半功倍的促进效果。宿舍建设要做到个性化、有的放矢，如案例中施老师总结的"细心并耐心地观察学生的宿舍生活，在充分了解情况的基础上，针对不同的宿舍分别给予不同的建议"。

立足小阵地　做足大文章

——学生公寓党员志愿服务站建设与思考

外国语学院学生公寓党员志愿服务站设在学生公寓三号楼，成立于 2012 年 6 月，现有党员 160 人（其中预备党员 69 人）。党员志愿服务站是由学生党员本人提交申请，经学院党总支通过入站考核答辩形式予以确定。党员志愿服务站通过"双推"，即学生公寓党员志愿服务站选举推荐和学院党总支推荐相结合的形式产生委员会。委员会选举产生站长 1 人、副站长 1 人，另根据"五进"公寓目标要求设委员 5 人。党员志愿服务站委员任期一年；站内党员自选定后服务至毕业时自动退出，每年在新发展的学生党员中予以增补。

学生公寓党员志愿服务站以党员"树形象、引方向、做服务"为工作重点，强化"一个核心和两支队伍建设"（一个核心即学生公寓党支部，两支队伍即学生公寓党员服务队和获奖受助学生志愿服务队），力推"三大板块工作"（党建阵地、党性锻炼和志愿服务），实现"五进公寓"（思想政治教育进公寓、文化建设进公寓、学习帮扶进公寓、心理援助进公寓和安全保卫进公寓）。

在党员志愿服务站建设过程中，注重突出六个创新载体，落实五项基本工作制度，开展四大主题活动，确保建设实效。

第一，突出六个创新载体："4＋1"或"6＋1"——党员联系宿舍活动、党员志愿服务站"双学"活动、帮扶热线、党员模范工作日、学生公寓"读书园"、爱心服务超市。

第二，落实五项基本工作制度。

（1）落实思想政治理论学习和宣讲制度。党员志愿服务站每周三下午开展"双学"活动（学理论、学党章），加强对党的创新理论的学习，全面提高站内党员的思想政治素质；通过召开寝室长会议等形式，宣传、执行党的方针、政策和上级党组织的决定，为学院学生公寓管理工作的落实提供思想保障。

（2）落实党员联系宿舍制度。将站内党员划分到每一个学生宿舍，并对所联系的宿舍实施包保责任制。要求党员长期深入所联系的宿舍开展工作，充分了解学生的需求和思想动态，重点排查所联系宿舍可能存在的安全隐患、矛盾纠纷等方面的问题并建立工作档案，切实起到安全监督员、卫生保洁员、舆论宣传员和信息反馈员的作用。

（3）落实党员值班制度。站内党员在值班期间，除做好学生宿舍安全管理工作和处理学生住宿区突发事件外，还主动开展对那些学业预警、心理预警和家庭经济困难学生"一对一"的帮扶工作，为学业预警的学生讲解学习策略和方法，为心理预警学生提供心理援助和疏导，为家庭经济困难学生联系家教和勤工助学岗位，帮助他们顺利完成学业。

（4）落实安全零汇报制度。重点做好节假日、双休日、夜间、新生入学、毕业生离校等时段的学生公寓安全管理工作，要求站内党员在节假日、双休日等执行签到制，如发现学生公寓存在晚归、不归、私自租房等不良现象，须立即报告学院，以便学院及时掌握学生的动态。

（5）落实站内党员评优考核制度。每年开展一次考核表彰活动，党员志愿服务站委员会委员公开述职，其他成员递交年度工作总结和思想汇报，学院党总支对工作中表现突出的党员予以表彰，对工作懈怠、不服从管理的党员给予相应处理。

第三，开展四大主题活动。

（1）开展"我能为同学做什么"主题活动。设立失物招领专柜，让学生在公寓内丢失饭卡、钥匙等之后第一时间想到学生公寓党员志愿服务站；购置一些必备的维修工具，为学生提供简易的维修服务；设立毕业生就业信息查询专栏，公布相关就业信息。同时，将学生公寓党员志愿服务站委员会委员手机号码提供给各个宿舍，并要求委员在出现学生夜间患病等突发事件时要第一时间赶往援助。

（2）开展大学生文明修身、宿舍文化建设活动。党员志愿服务站自成立以来，相继开展了宿舍"十无"创建活动、"我爱我家"文明宿舍创建活动、打造积极向上的宿舍文化等。

（3）设立学生公寓"读书园"，开展学生读书活动。在学生公寓党员志愿服务站办公室设立了读书专柜，同时为学生提供到学院读书园借阅图书的帮助。鼓励党员带头多读书，并积极引导学生开展读书活动，在学生公寓营造你追我赶的良好读书氛围。2013 年 6 月，党员志愿服务站向毕业生发起了向公寓"读书园"捐赠图书活动，共募集图书 300 余册。

（4）开展党员模范工作日活动。要求党员志愿服务站在公寓内开展志愿服务活动，使党员意识内化于心，外化于形。

通过这些活动的开展，外国语学院学生教育管理工作取得了一系列的实绩。

（1）开创了学生思想政治教育新课堂——党员志愿服务站"双学"活动。

（2）开辟了学生自我教育、自我管理和自我服务的新平台。党员志愿服务站发挥党员贴近学生、贴近生活、贴近实际的特点，主动融入到学生管理过程中，既有效锻炼了学生党员的工作能力，也为广大学生的发展提供了服务。党员志愿服务站共建立了学院 396 个宿舍的工作档案和 1 681 名学生的个人档案。党员志愿服务站自成立以来，学生公寓未发生一起安全责任事故。

（3）开拓了关注人文关怀、助推学生成长的新渠道。党员志愿服务站自成立以来，共举办了 10 余次学习策略专题报告会，开展了 200 余次"一对一"谈心活动，为 50 余名家庭经济困难学生介绍家教或勤工俭学工作岗位。

（4）开发了党员后期教育管理和党员培养考察的新模式。通过党员志愿服务站这一载体，聚焦学生党员的言行，为学生党员的管理和考察提供了依据；通过年度考核表彰活动，激励先进。

在抓好学生公寓党员志愿服务站建设的同时，注重加强学生公寓党支部及获奖受助学生志愿服务队建设，形成"三维立体工作模式"，有效增强对学生思想教育和管理。获奖受助学生志愿服务队由学院获得各类奖、助学金的学生组成的志愿服务团队——蒲公英爱心服务团队构成。通过这一工作模式，强化学生公寓党员志愿服务站群众基础建设，培养学生党建工作进公寓的后备军，为学生党建工作进公寓的可持续发展创造条件。

学生公寓党员志愿服务站建设过程中，我们有如下深刻认识。

（1）学生公寓党员志愿服务站的设立是辅导员进公寓的有效延伸，是思想政治教育工作进公寓的重要载体。这项工作能扎实有效地实施，过硬的队伍建设是基础，完备的制度建设是保障，优质的活动载体是关键。

（2）学生公寓党党员志愿服务站的设立能有效增强大学生党组织的吸引力、凝聚力和影响力。为推进这项工作，还需积极吸纳学院获奖受助学生参与活动，通过党员的示范作用引导他们积极向党组织靠拢，为学生党组织进公寓的可持续发展培养后备军。

（外国语学院辅导员　查国平）

点　评

外国语学院学生公寓党员志愿服务站载体明确、制度完善、活动丰富，是党建进公寓的成功探索，是大学生思想政治教育工作的有益尝试。宿舍其实不是"小阵地"，对于大学生思想政治教育工作来说，宿舍是个重要的阵地。同时，由于宿舍是生活的场所，面向学生开展的工作应该也是以服务学生生活为主。贴近学生生活，贴近学生实际，才能收到思想政治教育的良好效果。因此，大学生思想政治教育的"大文章"里，还有很多的"小文章"可做。学生公寓党员志愿服务站开展的主题活动要从这个角度多做设计。

春风化雨　润物无声

——化解女生宿舍矛盾的工作案例

2012年9月，我开始担任财务管理专业两个班级的辅导员工作。财务管理班级有122人，女生占据三分之二，女生多了，难免有小矛盾、小摩擦。有一天，小王、小骆和小樊三位同学哭着来到我的办公室，说每天晚上都睡不好。原因是同宿舍的小思每天晚上要到12点钟以后才睡，而且经常与正在合肥读大学的男朋友煲电话粥，说话声音特别大，或者大声放音乐。总之，她们现在的宿舍关系很紧张。我马上打电话叫来小思，详细了解事情的经过。小思也抱怨宿舍关系不和睦，说其他三位同学都不与她说话，表示自己很压抑、很难受，还伤心地流泪了。小王原来与她关系很好，现在也不理她了。我问她为什么要把音乐放那么大声。小思说，自己和室友没有共同的爱好，没有共同的语言，其他三位同学都喜欢国产影片，而她喜欢国外电视剧和电影，她的品位更高。我又问她为什么很晚了还要和男朋友在电话中聊天。她说，合肥人喜欢熬夜，不喜欢早睡。从语气判断，小思性格桀骜不驯，很叛逆，很清高。

通过近两个星期的了解和沟通，我认识到小思同学存在以下一些情况。

（1）高考失利，情绪不稳。小思高中毕业于合肥六中，成绩一直很好，几次模拟考在一本线上，但高考失利，只考上了二本，而她的同学都上了一本，所以心理落差很大，觉得自己的人生没有意义，没有脸面见人。她觉得自己考上安庆师范学院很委屈，有点看不起身边的同学。

（2）家庭复杂，矛盾纠结。小思的家庭情况十分复杂。在她很小的时候，父母就离异了，后来，母亲与现在的继父结婚，并生了一个弟弟。新成立的家庭很幸福，后来由于孩子的养育成本问题产生分歧，而且矛盾越来越激化。小思眼看自己的亲生母亲每天面对继父的家庭暴力，情绪十分不稳定。她每天想着如何拯救自己的母亲，如何对付她的继父。

（3）缺少沟通，缺少包容。四名女生分别来自不同的地域，有着不同的家庭环境。同时，这四名女生都是转专业过来的，在转入财务管理专业之前，她们来自于不同的学院、不同的专业，学科背景不一样，生活习惯不一样，兴趣爱好也有很大的差异。四个陌生的人同住在陌生的环境，她们不能马上适应大学集体生活，室友之间缺乏良好的沟通，我行我素，不能接受别人的意见和建议，无法相互理解，相互包容。

可以看出，这个女生宿舍问题突出，矛盾激化，如果不及时进行干预和辅导很可能出现严重后果。分析矛盾产生的原因主要有以下几点。

（1）小思同学没有树立正确的挫折观，不能正确处理高考失利带给自己的各种影响和打击，抗打击能力差。

（2）小思同学过于纠缠父母的矛盾，过多地干涉母亲的感情生活，导致她的精力严重分散，无法集中精力好好学习。

（3）女生心思细腻，有矛盾和摩擦不愿开诚布公地沟通交流，缺少包容之心。

（4）刚刚进入大学，生活习惯、兴趣爱好等差异使她们不能在短期内适应大学集体宿舍生活。

根据了解到的这些情况，我采取了以下措施。

（1）联系个人，了解具体情况。我及时和这个宿舍四名女生逐一谈话，了解情况。

小骆来自北方农村，生活节俭，说话方言较重，学习非常认真，喜欢看言情国产剧；小王家境良好，在家中是独生女，父母很娇惯，复读生，年龄较大，平时爱好看专业书籍；小樊稳重大方，口才较好，在学生会任职。她们三人生活习惯正常，大多在每晚11点钟准时睡觉，没有熬夜的习惯，三人之间关系良好。

小思家庭情况复杂，母亲离婚后与继父结婚，并有一个弟弟。由于小思的抚养问题，母亲和继父产生矛盾，感情趋于破裂，家庭不和睦甚至产生家庭暴力。小思性格桀骜不驯，清高。

（2）及时与家长进行沟通，让家长了解孩子情况。我与小思妈妈进行了电话沟通。她妈妈详细介绍了小思的成长环境，同时还哭得很伤心。从她妈妈那里，我了解到其实小思是个非常单纯的孩子，学习成绩一直都非常好，因为高考失利，没能考上理想学校，心里很失落。我向小思的妈妈汇报了她在校的学习和生活情况，并要求家长多关怀，多鼓励，不要让她过多分担家庭矛盾。

（3）与宿舍成员集体谈话。在了解了宿舍成员每个人的详细情况后，我把四个人叫到办公室进行集体谈话。我告诉她们，宿舍是她们四个人共同的家，要用心呵护好这个家，营造一个温馨和谐的氛围。要学会沟通，学会表达自己的意见和建议，学会处理宿舍成员之间生活习惯的差异，学会互相尊重，互相包容。培养共同的爱好，比如共同打羽毛球，培养团队和集体意识；到安庆市儿童福利院接队帮扶孤残儿童，培养爱心；开展宿舍拔河比赛，提高宿舍成员之间的团队意识和凝聚力。

经过一系列的努力，一个月之后宿舍关系有了很大的变化，宿舍成员关系融洽，并有一个共同的爱好。大一学年四名同学都没有补考现象，成绩良好，无旷课记录。同时，尊敬老师，团结同学，宿舍里充满了欢声笑语。

通过这一事例，我也得出以下体会。

（1）要格外关注女生宿舍关系。财务管理专业女生多，女生感情细腻，宿舍成员之间难免会出现一些小矛盾、小摩擦，辅导员需要格外关注与开导。

（2）要加倍爱护家庭情况复杂的学生。与来自正常家庭的孩子不同，家庭情况复杂的孩子往往性格上有很大的弱点，他们的自尊心强，但是内心很脆弱和敏感，需要及时地开导、教育和帮助。

（3）要提高大学生的抗挫折能力。当代大学生抗挫折能力急需加强，这是辅导员应该考虑的问题之一。没有一定的抗挫折能力，遇到问题就会萎靡不振、灰心丧气。心理素质和抗压力能力都有待提高。

（4）大学生要注重培养人际交往能力。大学生是准社会人，已经离开父母逐步走向社会。所以要学会处理各种人际关系，要培养良好的沟通能力，要学会表达自己的意见和建议，要学会适应别人，学会妥协，更要学会包容。

（5）通过开展班级活动进行思想政治教育。班级活动是开展大学生思想政治教育的有效载体，单纯的说教往往收效甚微，通过开展一系列的班级集体活动则可以春风化雨，润物无声，事半功倍。

（经济与管理学院辅导员　钱梦燕）

点　评

对女生的管理是辅导员工作技能的重要考验。由于女性特殊的个性及生理特点，对于其的教育引导工作必须体现针对性和策略性，才能收到最佳效果。钱老师以自己亲身经历和妥善处理的一个典型案例展示了作为一名女性所具有的细腻、耐心，以及作为辅导员在处理学生人际关系冲突过程中所体现的较高超的技巧。宿舍成员的和谐相处是班风、学风建设的基础，这不仅关系一个宿舍的安宁，也直接传递一个班级对于团结互助、兼容并包思想的坚持。辅导员对宿舍的关注和管理可以从以下方面入手：一是充分阐述大一阶段学生的个性特点、矛盾焦点及冲突重点；二是积极倡导和肯定宿舍的团结精神和互助互谅行为；三是加强宿舍文化建设，培养集体主义荣誉感和凝聚力；四是及时干预和处理影响宿舍团结的细节和诱因。

正确处理学生宿舍人际关系

　　大学生人际交往中，室友关系最难处；大学里对人影响最深的，也是朝夕相处的室友。宿舍人际关系的好坏，直接影响到每个成员的学习、生活乃至健康。不健康的宿舍人际关系，对学生的不良影响非常大。很多大学生渴望与室友处理好关系，但是由于对人际交往的技巧与艺术、人际冲突与矛盾的应对知之甚少，往往凭直觉、凭情绪、凭经验来处理各种人际问题，经常会弄巧成拙，导致各种人际冲突的发生。当学生发生以上情况时，如何正确处理并引导，是我们辅导员应该思考的问题。

　　为了方便管理，学校公寓管理中心根据宿舍分布情况和学生所处班级，给学院的新生进行统一宿舍调配。这样有利于我们集中管理学生。然而，由于学生的生活习惯、兴趣爱好不同，如何让学生尽快融入到宿舍大家庭中，更好地学习和生活，成为辅导员学生工作的重要组成部分和关注部分。

　　小 J 和她所在班级的其他五名女同学分到了 11 号楼某宿舍。同一个班的女生正好一个宿舍。小 J，由于入学时成绩较为优秀，班级不少同学对她的评价也不错，故在班级担任学习委员一职。但在接下来一学年的学习和生活中，随着同学之间的了解逐步加深，小 J 自身的缺点逐渐显出：性格较为急躁，做事缺乏思考。因为小 J 自我感觉过好，平时大大咧咧，有什么说什么，不顾同学的感受，兴趣爱好、个人习惯和室友不一致，大二和同学的关系也因此而不容乐观。

　　学期结束，其所在宿舍的另外五名同学，小 A、小 B、小 C、小

D、小 E 纷纷来办公室找我反映，看能否给自己调换宿舍，表示不愿和小 J 住同一个宿舍。我开始留意和调查小 J 宿舍同学的情况，弄清是什么导致她们都要调换宿舍，是如小 B 说的那样——要考研，需要清静的环境，还是像小 C 说的那样——没有什么原因，就是想要换个宿舍，换换新环境。小 C 不想说明调换宿舍的缘由，这让我感到，她们都要调换宿舍肯定是有其他的原因。

我先找到小 J 所在班的班长了解情况，询问小 J 所在宿舍的几个同学平时相处得怎样，最近有没有发生什么不愉快的事情。由于班长是个男生，对于女生宿舍里发生的事情也不是太了解。于是我让他回去仔细观察，如果发现问题就及时向我报告。同时，我又找来小 A、小 B、小 C、小 D、小 E 五名同学，向她们详细询问要调换宿舍的原因。说到原因，几个女生唯唯诺诺，不知所云，和前次说的原因大相径庭，我大致了解到她们和小 J 的关系不好。

后来，在和其他同学的交谈中，我了解到以下一些信息：小 J 的前男友是小 C 现在的男友；宿舍熄灯非常晚；宿舍个人物品摆放以及宿舍卫生做得不太好；在任学习委员期间，小 J 做班级工作时缺乏方法，也不顾同学的感受，对室友也是毫不留情面。每次一句"你管不着"将室友拒之千里之外。

我也找到小 J 本人，怕她多想，先询问了她近期的学习情况，然后委婉地问她与宿舍同学的关系处得怎么样。小 J 说和宿舍同学的关系还不错。然后我提到她所在宿舍的几个同学都想要调换宿舍的事情。小 J 回答说："恩，她们都要考研。如果调换宿舍的话，仍然把我们分在一起啊。"看来，小 J 还不知道室友要调换宿舍的真正原因。

调换宿舍是逃避问题的表现，并不能真正解决问题。让她们和解才是解决问题的途径。于是，在此后的几天中，我多次找到小 J 的几个室友，做她们的思想工作，告诉她们同学之间存在误会、有矛盾很正常，大家要互相宽容和理解，要珍惜在一起学习和生活的缘分。我又单独找了小 C，小 C 的态度较前两次已明显趋于平和。

我教导她说，大学生有自己的想法，交男女朋友老师也不反对，不过一定要处理好恋爱和学习的关系，务必珍惜在校学习的机会。我有意不谈她和小J的事情。我知道，她已经明白了，而且会处理好情感与学习的关系以及和同学的关系——包括和小J的关系。之后，我再次找了小J，对她的班委工作进行肯定，然后委婉地告诉她在以后的工作中需要注意的一些问题，尤其是要和同学处理好关系。我转达了室友对她提出的意见，希望她能改正缺点。小J含泪重重地点了点头。我舒了一口气，如释重负，这帮孩子和好了！

小J宿舍的几个同学又生活在了一起。在此后的日子里，我经常关注她们宿舍的情况，常常找同学了解她们，也不时和她们谈话，了解她们的思想动态、学习情况，以此观察她们宿舍同学的关系状况。我建议她们多参加学校、学院的活动，尤其是以公寓和宿舍为团队的活动，让她们从活动中了解对方，加强交流，拉近距离。我还把她们安排在一个学习小组，让她们在小组学习中互相帮助，互相进步。小J的学习成绩一直比较好，学习上遇到不明白的问题，她们就一起讨论。小J对待同学的态度也有所改变，耐心地给她们讲解。为此，室友对小J的看法有了明显的改观，完全忘记了宿舍成员之间以前有过矛盾。小J也在帮助同学的过程中找到了自我，学年综合考评成绩名列班级前茅，获得了奖学金。她所做的班级工作也受到了同学们的支持和肯定，被评为优秀班干部。这个宿舍的卫生成绩每次都在80分以上，由于参加的活动比较多，她们获得了不少奖项。

宿舍是学生学习和生活的重要场地，也是学生学会处理人际关系的重要平台，宿舍的风气与文化影响大学四年的成长，更长远地影响学生的性格与价值观。引导学生从宿舍琐碎的小事做起，学会尊重与包容，处理好人际交往过程中出现的问题与矛盾，提高处理人际关系的技巧与艺术，是大学生成长的必修课。

（经济与管理学院辅导员　张仲清）

点　评

辅导员是大学生人生导师和健康成长的知心朋友，在这个案例中能得到很好的体现。张老师很清楚地认识到学生宿舍人际关系的重要性和大学生人际交往的特点，而且有足够的耐心、爱心来处理学生宿舍矛盾。由于学生人际交往能力的欠缺，很多宿舍矛盾往往是由一件件小事慢慢累积发展起来的，辅导员的及时关心和指导，对学生宿舍良好人际关系的形成和学生个人的心理成长非常必要。

由贫富差距引发的宿舍矛盾

担任兼职辅导员至今，已经五个年头了。在这五年里我送走了2007届，迎来了2012届。五年里，身为辅导员的我也在逐渐成长，工作的方式方法也在发生着改变。

事情由一条匿名短信开始。忙了一天，晚上的时候，我收到一条很奇怪的短信。短信中除了"我快崩溃了。"几个字，就没有其他信息，也没有标注姓名。为了弄清楚是哪位学生发的信息，我查阅两个班学生的联系方式，也没有查到。说实话，当时也怀疑是不是别人发错了。不过我还是回了一句："如果可以，明天到我办公室来谈谈。"

第二天，出乎我意料的是，果真有学生来找我，一个阳光大男孩，很难把"崩溃"二字放在他身上。

"辅导员好！"

"昨晚的短信是你发的？"

"嗯，是的，不好意思，那么晚了还打扰您休息。"

"呵呵，我倒没事，怎么了？为什么崩溃？能和我聊聊吗？失恋？还是经济紧张了？"

"……"

他沉默了一会。我很好奇这个男生身上到底发生了什么事。

"我有个室友，他性格扭曲，心理变态，把肥皂丢进我的热水瓶里，害我喝水时差点吐出来；趁我们不注意，有时把热水瓶的瓶塞扔掉，热水就变凉水了；每次晒出去的袜子是一双双的，收回来总是就变成一只只的了，还有……"，他罗列了很多，是关于他室

177

友所做的匪夷所思的事情。

"这样啊"，我终于忍不住打断了他，"呵呵，是不是别人跟你开玩笑或者你得罪了你室友？"

一听我这么说，他急了："真的不是开玩笑啊，现在我都在楼下超市买纯净水喝，袜子就买同一个款的。可是这算咋回事嘛，我是实在受不了他了，我都想揍他。另外，我想换宿舍，不想跟这么一'奇葩'住一起。"

"打人可不行？那可就是你的不对了，同学之间有矛盾很正常，但都是可以解决的，任何一方动了拳头都会受处分的。对了，他只是针对你吗？跟你其他室友相处怎么样呢？"

"不是。他在宿舍不怎么爱说话，他整人不分对象，看谁不顺眼，就逮谁。主要是他很看不惯我们这些城里人，他是来自农村的，平时也不怎么跟我们玩在一起，就知道看他的书。刚开始我们还主动带着他玩，玩了几次后，他越来越疏远我们了。我们可从来没有瞧不起他啊。"

我意识到，这已经不是一起小小的宿舍矛盾问题了，而是一个由贫富差距而引起的心理问题了。如果不能得到解决，很可能发展成恶性事件。

下午我把这个"被告"学生以要跟他聊天的方式叫到了办公室。一个瘦瘦小小的男孩，很内向，或许是因为害怕我批评他，一直紧张得不敢看我，也不敢说话。

为了缓和气氛，我先和他聊了聊他的家庭，然后谈到了他高中时候的好友，最后我问他："你大学有好朋友吗？"

"没有。"他回答得很干脆。

"没有？依照我的经验，我觉着每个人在不同的时期都应该会有不同的好朋友，你与班上其他同学在一起相处都有一年了，都没有交到要好的朋友？你宿舍里都没有吗？"

"我不想跟他们交往。"

"不想跟他们交往，是因为他们联合起来欺负你吗？"

"那倒没有，只是我觉着他们的家境都比我好。"

"家境比你好并不代表他们不愿意与你好好相处啊。他们找过我了，都说很希望能与你倾心交谈，能成为好友，就怕你不愿意。"

"啊，他们找过你了啊！"他好像意识到什么，刚抬起的头又低下了。接着，他开始了一系列的认错、道歉。

在那之后，我没有再收到那几个学生的短信，也没有人来主动找我。我也去过他们宿舍，看起来大家相处得还不错。看来男孩子间的问题还是容易解决一些。

纵观整个事件，其实它是简单的宿舍纠纷，而且很具有典型性。

第一，一般这样的宿舍纠纷发生在女生中比较常见，女生心思细腻，更容易为鸡毛蒜皮的小事引发口角，而这次事件是发生在男生宿舍。其实这种情况在男生中一般比较少见。对于这次的事件，最令我感到欣慰的是这个宿舍的几个男孩，没有因为室友做出的极端事件而联合对他做出危害人身的行为，而是通过辅导员的介入来和平处理这个矛盾。我想这应该是每一位遇到问题且渴望解决问题的学生应该懂得的。用武力的方式去解决问题，其结果是不言而喻的。

第二，整个事件发生的根源在于宿舍同学之间的贫富差距、生活环境的差异、个人生活习惯的不同等，再加之学生本身在性格上存在的一些缺陷，让这些矛盾一触即发。有时候矛盾很容易解决，但是心理问题还是需要我们辅导员去帮助解决。只有从问题的本质出发，才能从根本上解决问题。

第三，幸福的宿舍都是相似的，"不幸"的宿舍却各有"不幸"。高校宿舍是大学生成长的主要阵地，而人际冲突和矛盾也常发生于此。很多时候，学生渴望得到最好的解决方案就是调换宿舍，然而调换宿舍本身是一种逃避问题而非解决问题的方式，其结果很有可能是"换汤不换药"。因此，作为辅导员一定要认真地面对学生，聆听学生，让学生敞开心扉，讲出误解，告知他们矛盾双方问题的所在，缓和矛盾，改正自己的不足，学会相互宽容，站在他人的角度去解决问题。

如今高校学生大多是 90 后，他们身上具有拟成人化的特征，外表看似成熟，做起事来凭着一股劲，容易冲动，彼此之间容易发生矛盾。其实，作为比他们稍长的 80 后辅导员们，更应该多站在他们的角度去看待、处理问题，急学生之所急，想学生之所想，学会换位思考，善于从学生的角度去考虑和解决问题，这样才能够感化学生。所谓"亲其师方可信其道"，只有得到学生的信任和尊重，学生有什么想法才愿意向你倾诉。这样也有利于我们更有效地解决学生矛盾和问题。

（物理与电气工程学院辅导员　王陈宁）

点　评

"亲其师方可信其道"。王老师做得很好，正因为学生信任他，才会给他发短信；正因为信任他，才会与他说出心里的话；正因为信任他，才会听从他的建议。而这种信任，是建立在"多站在他们的角度去看待、处理问题，急学生之所急，想学生之所想，学会换位思考，善于从学生的角度去考虑和解决问题"之上。

本案例反映的是宿舍矛盾问题，但实际上是贫困生的心理问题。家庭经济困难学生已经成为高校特殊、敏感的群体。对于部分家庭经济困难的学生来说，或多或少存在着一定的自卑心理，他们在大学生活中，经常表现为害怕、拘束、紧张、回避的状况，这种长期与别人隔离的状态，轻则影响心理健康，重则导致人性的扭曲。像本案例中的那位同学，就做出了常人无法理解的一些行为。幸运的是，老师和同学给了他足够的关爱和理解，方能使他逐渐走出这个心理困境。

党和政府高度重视高校学生资助工作，学生的资助工作更是从物质上的助困转化成物质和心灵上的双重助困。辅导员应饱含爱心和耐心，认真细致地做好贫困生的认定和资助工作。要根据家庭经济困难生的具体情况，制订个性化的方案，多鼓励他们，多给他们锻炼和施展自己才能的平台，让他们不断进步，不断地肯定自己，实现心灵上的脱困。

别因为"美丽"产生误会

　　大学四年的时间里，室友是大学生人际交往接触最频繁的对象。有研究表明，现代大学生引发心理适应障碍的原因中，高达35%的学生心理问题都涉及宿舍生活。因此，处理好宿舍人际关系，成为影响大学生的学习生活以及身心健康的重要主题。据报道，某高校由于宿舍矛盾引发的血案震惊社会。网络上更是流行一句话：感谢室友当年不杀之恩。这一现象，使得大学生的人际关系尤其是宿舍关系，成为社会关注的焦点。

　　小吴与小王是同班同学，住在同一个宿舍。她俩都是提前到校的，在其他室友到来之前，她俩就建立了"相依为命"的"阶级感情"。小吴容貌美丽，身材高挑，性格活泼开朗。父母开了一家小公司，家庭经济情况很好。小王来自安徽北方农村，家里还有两个妹妹，家庭经济比较拮据；虽然个子较高，但是长相平平。正式开学后，小吴和小王在"阶级感情"的作用下，顺理成章地成了形影不离的好朋友。小吴由于外表靓丽，性格外向，活跃于校园各种文艺活动中，成为众多男生追求的对象。小王则将更多的精力放到了学习上，在小吴忙于活动来不及交作业时也常常"帮忙"，还经常被小吴拉去观看她的表演。

　　但是，在大二下学期，小吴与隔壁学院的一名男生谈恋爱了。刚开始，小王还经常陪她参加活动。但几次活动后，小王觉得自己被小吴忽略了，就再也不愿意陪同小吴参加活动了。小吴并没有注意到这种情况，见小王不愿意参加类似活动，也就不再邀请了，但是在作业完不成时，还是第一时间想到小王。一来二去，小王觉得：她总是有困难的时候想到我。慢慢地，小吴以前的各类小习惯，在小王眼里都成为"炫耀"了：甜蜜的电话粥，没事在宿舍臭美，展示自己收到的各种礼品，等等。

2012年10月，小吴收到了男友的生日礼物特别高兴。在大家都准备睡觉时，她仍然在和男友甜蜜地打着电话。忍耐很久的小王终于受不了，大声喊道"让不让人睡觉了"。接着，小吴和小王爆发了一场激烈的争吵。

小吴与小王从形影不离到反目为仇的变化，令人十分惋惜。引起这场悲剧的根源，大致可以归结到一句流行语：羡慕嫉妒恨。

既然嫉妒心理是一种损人损己的病态心理，严重影响自己的身心健康，那么如何克服呢？

（1）认清嫉妒的危害。嫉妒的危害一是打击了别人，二也伤害并贻误了自己。遭到别人嫉妒的人自然是痛苦的；嫉妒别人的人一方面影响了自己的身心健康，另一方面由于整日沉溺于对别人的嫉妒之中，没有充沛的精力去思考如何提高自己，恰恰又继续延误了自己的前途，一举多害。

（2）分析嫉妒产生的原因。同一个特征，从不同角度来看，主观感受是不一样的。在小吴和小王还是好朋友时，小吴的美丽给小王带来了快乐，因为误会导致关系不好之后，原本的习惯性动作也成了"炫耀"。因此，导致她俩产生矛盾的原因是：不善于经营人际关系，从而产生误会。

（3）正确认知宿舍人际关系。要客观公正地评价别人，客观地认清大学室友之间的关系。大学宿舍是一个"家"，但不是真正的"家"，在这种亲如姐妹的关系中，也存在着界限。

（4）提高自己，完善个性。集中精力，不断地学习、探索，提高自己的知识、技能、素质，能够正确地处理各类人际关系。

在了解了上述情况后，首先，我分别找到小吴和小王进行交流，分析了导致两人从形影不离的好友变成吵架的对象的心理变化过程，使得双方明白在这一变化过程中各自扮演的角色和错误的处理方式。其次，在基本化解心理矛盾之后，把两人同时喊到办公室，各自承认自己的错误，化解误会，让宿舍关系和谐如初。

（资源环境学院辅导员　汪　宜）

点　评

大学女生宿舍矛盾的处理是辅导员经常要面临的问题。性格差异、家庭成长环境不同、人际关系处理能力欠缺，是矛盾产生的多数原因。而且，公开激化的矛盾往往是从一些小事、琐事积累发展而来。辅导员平时多关注、及时干预会起到事半功倍的效果。本案例中，汪老师从心理入手，分析根源，先个别交流，再开诚布公，较好地把两个学生的误会化解。

女生宿舍里的尴尬

我所带的班级有一个女生宿舍，共住着八名同学。刚入学的时候，大家相处得非常融洽，像亲姐妹一样相互关心，让其他宿舍的女生都羡慕不已。可是好景不长，一个学期以后，宿舍同学的东西就陆续被盗。所幸被盗的都是一些小物件，大家就相互安慰，也没放在心上。但是过了一段时间后，居然出现锁在柜子里的东西也不翼而飞的现象。同学们开始在心里猜测，到底是谁偷了东西。为了避嫌，大家不再像从前一样把宿舍当作家，也不敢单独待在宿舍以免引起别人的怀疑。渐渐地，同学之间的关系越来越微妙。最后，大家开会讨论，决定让我介入此事。

得知这件事情后，我来到宿舍里了解了一下具体的情况，让每位同学把自己怀疑对象的姓名写在纸条上交给我，然后我就走了。通过了解，我也猜测出是哪位学生。果然，有相当长一段时间，失窃的事没再发生。可是过了一个月，同学们的东西又开始莫名其妙地丢失。于是，我改变了方法，告诉大家说，要和学校保卫处的老师一起来检查一下大家的物品，请大家做好准备。但是第二天，大家等了很久，保卫处老师也没有出现。我打电话给宿舍每个同学，让她们在不同的时间到办公室。到办公室后，我一个个询问，从昨天我走后，大家都做了些什么，谁中午最先回宿舍，等等。其他的什么也没有说。

了解过后，我对大家说："你们这个宿舍的同学非常好，在发生了失窃事件后，大家还是能够冷静地处理相互之间的关系。我现在已经知道小偷不在你们中间，所以大家不必互相猜疑了。"大家一听，都轻松了许多。但是大家又疑惑了：那小偷到底是谁呢？"你们别着急，只需知道不是你们中间的任何一个就好了嘛。至于小偷是谁，我已经向学校保卫处反映了相关情况，他们会进一步调查的。"

果然，自从那以后，宿舍里再也没有丢过东西了。过了一段时间，我找了那个宿舍的那名女生。我和她聊了很久，聊的内容很多，包括一直以来家人对她的教育和期望，以及上大学以后的打算。最后我告诉她，我希望她在我们办公室做勤工助学，她很高兴地答应了。她每次来工作时，我都有意地离开办公室，将包包和抽屉敞开着，让她独自工作。时间过得飞快，转眼毕业了，这位女生也以优异的成绩考上了硕士研究生。毕业聚会时，她第一个簇拥着和我合影留念。

（资源环境学院辅导员　吴唤玲）

点　评

学生宿舍偷盗不仅仅是一个道德的问题，而且是一个很容易上升到法律层面的问题。问题是否严重、事件的处理是否得当，都会影响学生的美好前程。案例中，吴老师理性的、智慧的、幸运的处理好了这个问题。为什么用这三个形容词？"理性的"，是指吴老师没有简单地把问题上升到违法事件，没有把事情的影响扩大化，避免了同学们相互猜忌、人人自危的局面。需要强调的是，吴老师公开让同学们把各自怀疑的对象写在白纸上的做法，并不值得提倡。可以采用单独和每个学生谈话的方式，取得学生的足够信任后，让学生说出来。"智慧的"，是指吴老师在事件的处理上运用了一些技巧：先稳定情绪、用保卫处施压、给予当事人足够的关心和信任。"幸运的"，是指这位女生在她的感召下，最终回到了正确的人生道路上来，没有对其学业和人生造成不良的影响。

在学生宿舍偷盗，尤其是内盗问题的处理上，有三点值得注意：一要避免同学们相互猜忌、人人自危。二要尊重学生人格，不能胡乱猜疑，轻率处理。即使掌握了一定的证据，也要从心理上帮扶学生，促使学生从内心认识到自己的错误。三要把握道德和法律的界限，人情和法理的尺度。

化解心结　重拾友谊

　　刚进大学，小李与同宿舍小张以及隔壁宿舍的小王、小高组成关系亲密的朋友圈。四人因为是同班，平时大部分时间在一起活动。相处之初，大家还是比较愉快的。但随着时间的推移，小李与同宿舍小张之间的关系开始有些紧张，两人性格、处事方式和生活习惯的不同，逐渐显露出来，关系越来越疏远。小李曾经为缓解彼此的关系做过努力，不但没有效果，反而更加恶化。其他两人并不了解小李和小张的关系如此紧张。

　　虽然四个人还是与往常一样，在一起学习、娱乐，上课时不得不在一个小组讨论问题。但是小李觉得自己和他们在一起时比较尴尬，想避又无法避开。这种状况经常影响到小李的情绪，以至于不能安心地学习。小李为了不影响正常的学习和生活，萌发了从朋友圈中脱离出来的念头，想一个人独立地安排自己的学习和生活。但是他又担心其他人会误会他，以为他对大家不满意。他想对其他两人说明和小张的关系，但因为小张和他们的关系更近，又担心他们会不信任自己，所以很为难。就这样要经常和一个自己不喜欢的人在一起，小李觉得日子很难熬。小李应该怎样处理与其他同学之间的关系？他该不该走出这个朋友圈？又怎么和朋友圈中的其他同学解释？

　　纵观这件事情，我觉得有这样一些特点值得关注。

　　（1）交往被动但有化解矛盾的心理要求。从小李的言谈举止初步判断，这名学生安静、忍让、善良，但有些敏感，很在乎他人的评价。所以他在自己的朋友圈里显得比较被动。当人际关系开始有变化时，他不是被动地适应，就是试图采取避让的方式。他十分担心自己被人误解，希望能够化解成员之间的矛盾，却没有勇气和能力设法让别人了解自己的想法。

（2）存在人际依赖但独立意识渐长。青年初期是集体意识很强的时期，对集体有着不同程度的依恋或依赖，所以宁愿委屈自己也不愿轻易破坏团体成员之间的感情，仍然维系着尽管是表面上的团体的完整，以获得团体成员的普遍接纳。但随着年龄的增长和社会化程度的不断提高，大学阶段的青年独立意识不断增强，体现为要求有越来越多的独立空间，原来亲密无间的伙伴关系已经不能适应这时的心理需求，于是难免在生活和学习中出现心理冲突。

（3）有悲观倾向但有改变现状的愿望。小李在人际交往出现问题之后，也想过一些可能解决的办法，但他总是担心会发生最坏的结果。比如，在与室友尝试作过一次初步沟通遇挫之后，就没有再作努力，因为他担心自己主动找对方沟通非但不能使关系好转反而导致关系更加恶化，他觉得对方能主动找他谈更理想。另外，在萌发脱离朋友圈的想法之后，却迟迟不能做出决定，生怕自己会解释不清楚，受到其他成员的误解，影响自己在他人眼中的形象，于是宁愿伪装自己的尴尬，也没有找机会说明和室友的真实关系。被动适应和消极避让解决不了任何问题，只能让自己陷入更深的矛盾。

随后，我认为可以采取以下解决办法。

首先，尝试在人际交往中增强主动性，有原则地包容对方。可以再次主动与产生矛盾的室友进行一次深入沟通，友善坦诚地表达自己的观点。即便有过一次冒犯，也要以一切着眼于未来的心态，给对方改正的机会，从而有助于重新合作。

有容乃大是人际交往中所提倡的，但要切记莫因为一味迁就对方而忘记自己做人的原则。要提倡人际合作，但也不必惧怕冲突，要学会在冲突中成熟和成长，了解该放弃什么，该坚持什么。注意不要和他人发生正面冲突，伤人的话永远不要说出口，要给双方留有余地。

其次，正确认识大学生的交往特征，摆脱人际依赖，拓宽个人空间。

人与人之间的心理距离是有一定限度的。由开始的人际吸引，人与人之间的关系越来越密切，直至维持一定的亲密关系达到平衡就不会产生冲突。但超越这个距离，走得太近，反而会产生排斥，打破原来的不平衡，出现人际关系紧张。

大学生的社会化程度越来越高，独立性也不断增强，个体所要求的独立空间更大。因此，随着身心的不断成熟和独立意识的不断增强，原本的团体成员关系就需要不断地进行调整，以维持人际平衡。

小李陷入人际交往困境，正是人际距离需要及时作出调整的时候。他希望拓宽个人的独立空间，独立安排自己的学习和生活，是青年人发展到一定阶段的必然要求，这时需与同伴保持适当的人际距离，这是保持平衡的人际关系所必需作出的调整。

最后，要有解决问题的勇气和信心。

要主动地努力调整和室友的关系（人际距离），要相信自己所做的努力会有效果。"关系"是相互的，这种不和谐、不愉快的关系，不仅影响自己，也影响对方。想改变现状的需求，是小李的，也是小张的，只是看谁更有勇气去改变现状。

可以做两种设想：第一种是双方互相表示歉意，真诚地说声"对不起"，从此忘记这件事，关系友好如初，把今天这件事作为同学间友谊升华到更高层次的平台。第二种是像现在一样双方形同陌路，在宿舍相互不讲话，有时甚至旁敲侧击地打击对方或刺激对方，矛盾越结越深，影响心理健康。长此以往你就会成为一个身心不健康的人，进而影响你的学习、你的未来。辅导员可以从以上几个方面对学生进行思想教育和心理疏导，相信他们会做出正确的选择。

（教育学院辅导员　唐凤霞）

点　评

本案例中学生遇到的人际交往的困境，我想唐老师经过专业的心理学分析，已经有了解决问题的答案。由此想到了两点：第一，人际交往是大学生学习和生活中遇到的一个重要的、不可回避的问题。良好的人际关系不仅是大学生获得友谊和理解、身心健康发展和具有安全感、归属感、幸福感的必然要求，同时也是大学生实现其社会化的重要途径和方式。辅导员要指导学生正确认识人际交往问题，掌握一定的人际交往原则，如平等真诚、宽容信任、积极主动、谦虚谨慎等。第二，辅导员掌握必要的心理学知识对于分析和处理学生工作中遇到的问题有较大的帮助。辅导员工作是做"人"的工作，只有掌握了人的心理活动的一般规律，才能把工作做到人的心里，收到事半功倍的效果。

心理健康篇

心灵交融　跨越危机

当代大学生生活在一个信息海量化的时代，这既给了大学生吸收思想精华，培养鲜明个性提供良好机遇，又让大学生在纷繁复杂的环境里产生了诸如学习、就业、社交等重重压力，部分家庭困难的学生还会面临巨大的经济压力。这些状况给大学生带来种种困扰，从而产生不同程度的心理压力。而当压力超出个人所能承受的心理界限时，就会产生心理疾病。中国有一句古话"心病还要心药医"，所以，关注不同程度心理压力的学生，采取不同的方式，舒缓他们内心的压力，从而更好地适应复杂的社会，是辅导员工作的重中之重。

心理压力大的学生往往不能正确理解自己的心理状况，从而采取掩饰和回避的态度。这就给辅导员的工作带来了非常大的困难，因此，通过各种途径发现心理压力大的学生，是解决这一问题的关键。

第一，仔细研究大学生的高中档案，做到"未闻其声，先识其人"。

大学生入学时都会有相应的个人高中档案，详细记录每位学生在中学时期的思想品德、学习成绩、个性特征和健康状况等。仔细研究这些资料，辅导员对每位学生可以有一个大概的预先认识，做到心里有数，对学生未闻其声，先识其人。可以说，这种对学生档案的研究，其实就是辅导员与档案中的学生进行交流的过程。

第二，精心培养一支效率高、能力强的学生骨干队伍。

要想对每位学生都有深刻的认识，对每位学生的心理状况有足够充分的了解，仅仅靠辅导员一个人是不可能的。能力强、素质高的学生骨干队伍正好弥补了辅导员精力不足的缺点。学生的思想即使有细微的改变，也逃脱不了这些"侦查员"的眼睛，他们是发现问题的最有效"尖兵"。

班上曾有一位同学，由于和一个社会人员长期交往，久而久之就有了外出打工的想法。在没有和家长、老师、同学事先沟通的情况下，这位同学决定离开学校。在离校的时候，被一位责任心强的班干发现，再三询问他的去向，并第一时间联系了我。我一边打电话要这位班干想方设法留住该同学，一边快速赶到现场。在做了数小时思想工作以后，终于打消了该同学私自离校的打算，并同时联系了该同学家长。经多方努力，现在该同学状况稳定。试想，如果不是有责任心强的班干及时发现情况，一旦该同学走出校园，再想寻找就困难了。

这些辅导员助手，是第一手材料的收集者、预判者，是同学们和辅导员之间最有效的桥梁，他们把和同学们交流中发现的问题及时反映给辅导员，关键时刻能起到极其重要的作用。可见，有成效的骨干队伍的建立对于辅佐辅导员工作是多么重要。

一旦发现学生有心理问题，辅导员要尽快积极引导与帮扶，帮助学生走出阴霾。

第一，坦诚交流，心灵沟通，是跨越心理障碍的最有效手段。

心病尚需心药医。心理问题不可能通过强迫、命令的手段解决，这样只会适得其反。只有通过坦诚交流、心灵沟通，找到心理问题产生的原因，然后进行有针对性的思想工作，才可能解决心理问题。

班上小五同学是一名留级生。之所以留级，是因为小五同学在学习过程中感觉压力太大，逐渐产生一种强迫性心理疾病。这种疾病的最直接表现就是有严重的臆想症，对一切都持怀疑态度。小五同学的症状已经非常严重，甚至在老师找她到办公室聊天的时候，都怀疑老师给她喝的开水里下了迷药。家长带她在很多大医院治疗，但都没有明显效果。休学一年后，由于压力稍减，小五同学状况有所好转，到了我带的班级。由于事先对该同学的状况就有所了解，所以在我们接触的过程中，我没有给她任何压力，只是通过平等、平和的沟通，打消她内心的顾虑，久而久之，她对我产生了信任感，愿意向我敞开心扉。在不断的交流过程中，她的思想包袱被慢慢解开，精神压力逐渐消除，并慢慢正确认识了生活与学习中的困难。经过两年的长期交流沟通，小五同学完全恢复了正常，并顺利毕业。现在她已经找到了自己满意的工作，有时间我们还经常电话联系，她已经完全融入了社会。

第二，通过班会等形式，拓宽沟通途径，及时解答同学们的疑问，消除心理压力产生的根源。

心理问题不是一夜之间产生的，是日积月累形成的。因此，拓宽沟通途径，及时解答同学们内心的疑问，消除心理压力产生的根源，才是治本之药。有些同学家庭经济困难，这不仅会给他们造成经济压力，更会给他们带来沉重的精神压力，使他们产生强烈的自卑感，从而远离集体，孤立自己。这种孤僻的性格让他们很难融入到现实生活中。为了避免这种结果的产生，我经常通过班会、个别谈话、QQ、飞信等方式，与同学们进行思想交流，告诉他们：由于客观原因造成的暂时的贫困并不可怕，可怕的是被这些暂时的困境所压倒，从而失去精神支柱。树立信心，通过自己的努力去改变自己的命运，创造美好的新生活，这样的人，才是值得尊重的。通过自身努力而改变命运的人，生活才是有意义的。所以即使穿得旧一点，吃得差一点，我们也有理由高昂着头。通过思想交流，让同学们在内心形成人格平等的观念，这样他才会积极乐观起来。

有时候，心灵上的沟通，彼此坦诚的交流，犹如一碗"心灵鸡汤"，滋润你的心灵，化开你的心结。

（法学院辅导员　王文东）

点　评

王老师结合多年的工作经验，提出发现学生心理问题的路径，值得借鉴。在工作中，辅导员与学生心与心的交流，情与情的融合，会让学生感受到平和、温暖、阳光，不知不觉中释放内心压力，从心理阴影里走出来，融入到正常的社会生活中，勇敢地拼搏，前行。

在体验活动中增强班级凝聚力

作为一名刚上任的辅导员，接手一个班级后的首要任务是尽快认识、熟悉并了解学生。在积极地试验、探索不同的方式、方法后，我明显地感觉到团体辅导作为心理辅导的途径之一，是一种重要的班级教育管理手段。如果运用得当，能够起到事半功倍的效果。

在开学初，我面临着尽快认识、熟悉每一位学生的紧迫任务，尽管个别谈话能更深入地了解学生，但其不足之处，如耗时多、受众面窄、解决问题单一等也凸显出来。而采用形式多样、生动有趣的团体辅导能有效克服以上弱点，节省时间，同时面对很多学生，还可以提升班级凝聚力。

在班级开展第一次团体辅导的目的是，增进我对学生的了解以及学生之间的认识，使班级凝聚力有所提升，使同学们感受到团队的力量。于是，我选用了以下几个活动方案。

首先是接龙游戏。全班同学围成一圈，指定一名同学为首，介绍自己的姓名、爱好和特征。当然，也可以根据实际情况，多介绍一些内容，比如自己的家乡、特长等。按顺时针方向，后面一位同学要将前面同学介绍的内容进行复述，再接着介绍自己的姓名、爱好、特征等。下一位同学要复述之前已介绍过的所有同学的情况，并说出自己的姓名、爱好和特征。这样一路接龙进行下去，顺序越是靠后的同学，压力越大。准确记住同学的名字并不困难，但能一字不差地将同学们的个人爱好和特征对号入座，就不是特别容易了。同学们都很认真地听着其他同学的介绍，边听边记着。我也在同学们一次次的复述和介绍中，加深了对同学们的熟悉度。有的同学表达的方式和内容很幽默，引得全班同学放声大笑，现场气氛很活跃。如今几个月过去了，我仍记得，有的同学说自己最爱做家务，有的同学说自己最爱穿各种花色的裤子……同学们的可爱，深深地留在了我的脑海里，相信同学们也和我一样。

当然，游戏设计并不是一成不变的，中途可以根据实际情况进行适当的调整。游戏进行到一半时，考虑到再继续按原来的方式接龙下去，可能会占用太多时间，因此，我临时决定，从第一位介绍的同学开始，按照逆时针方向，继续进行下去。学生中一阵哗然，有的舒了一口气，有的压力骤涨。我适时地进行了主题升华，引导同学们认识到，日常生活中很多事情都不是一成不变的：面对压力要坦然，也许能柳暗花明；面对轻松的生活状态也不能放松警惕，要时刻准备着接受生活的种种考验……

紧接着，又进行了信任人椅游戏。这一游戏的规则是：全班同学站立围成一圈，同学之间间距一个拳头的距离；每人将双手放在前一名同学的双肩上，每个同学缓缓坐在后一位同学的膝盖上。全体同学都坐稳后，均放开双手，上半身缓缓向后倒至大家可承受的程度，保持数秒后，恢复原状。在这个游戏环节中，也可以设计成男女两队进行比赛。最后我引导大家反思：看似不可完成的任务，是怎样完成的？感受如何？同学们玩得很开心，在分享心理感受的环节，同学们纷纷表示体会到了团结就是力量。

最后，开展了心有千千结游戏。这一游戏的规则是：将全班同学分为两组，每组成员手拉手围站成一个圆圈，记住自己左右手各相握的人。接着，大家放开手，随意走动，听到"停"时，脚步即停，找到原来左右手相握的人分别握住，此时形成了一个错综复杂的"手链"。要求大家在手不松开的情况下，用各种方法，如跨、钻、套、转等，将交错的"手链"还原成一个大圆圈。在这个环节，同学们仍然玩得很开心，都感受到了集体共同完成一件任务的喜悦。我告诉同学们，人总是在集体中生活和成长的，有集必有

"结"，如和亲人、朋友、同学之间的"结"等。万事万物之结，不解必是越结越大。当我们用心去解此结，还有解不开的结吗？

将团体辅导融入班级管理，是大学生心理健康教育的有效途径，也是辅导员工作不拘一格的一种尝试。大学生群体有着很多共性，他们中出现的一些问题是有年龄规律的，是成长过程中出现的发展性问题。团体辅导的优势之一体现在可以同时面对大多数学生的共同问题。除此之外，团体辅导还有助于学生分享共同的经验，有助于学生助人助己，为学生提供了模仿、学习、训练自己行为的机会。团体辅导能达成很多种效果和目的，如认识自我、探讨自我、接纳自我；学会信任自己和他人，学会用新的视角来看待自己和别人；学会更多有效的社会沟通技巧；澄清自己的价值观，并且决定是否改善以及思考如何对其加以改善，等等。

（美术学院辅导员　孟　莉）

点　评

团体辅导强调体验式、互动式学习，感悟式成长。团体辅导可以有很多主题，如提升自信、促进班级团结、认识自我等，具体活动方案也是举不胜举。因此，在策划一次团体辅导活动前，先要明确主题目标以及为了达成目标而设置的几个具体活动方案。孟老师紧紧抓住新生的特点，适时地开展团体辅导，具有"耗时短、效率高、效果好"、让新生在开心中成长、在快乐中体悟生活的意义。

爱是理解，更是宽容

做辅导员工作已经两年了。工作中，我常会遇到一些存在心理问题的学生，印象最深的是这样一件事。

2012 年 9 月份开学初，有个学生给我发短信说下午没课，想来办公室找我聊聊。于是她坐在了我的面前。

"怎么了，最近有心事？"

她低着头，沉默了很久没有说话。

我没有再开口，拍拍她的肩膀，拉她一起走到办公室的阳台上，面对外面还不错的风景，陪她一起沉默。大概五分钟之后，她突然抬头，眼睛红红的对我说："老师，我觉得自己特别不幸。我没有完整的家庭，没有父母的疼爱，甚至不知道在学校拼命念书，以后毕业了要去做什么。"

她是一名成绩很好的女生，在班上能排前三名。在我的记忆里，她家庭条件不错，父母都是公务员，独生女，衣食无忧。我不知道发生了什么，会让她说出刚才这段话，感觉很意外。

她大概看出我脸上写满了疑惑，随即又补充说："其实我父母在我很小的时候就离婚了。我一直和妈妈住一起。以前班级做家庭情况登记时，我没有说过这些，大家都以为我的家庭是正常的。"

我想了一会，对她说："你今天为什么要告诉我这些呢？"她又开始难过起来，"我特别恨我爸，可是好像又很担心他。我妈离婚这么多年，一直对我爸念念不忘，对我爸的生活状况了解得特细致。她说我爸跟那个女人在一起过得不如意，经济压力也大。每次，我妈都咬牙切齿地说他活该，可是说完就会在家哭。我觉得我

200

妈因为我爸的缘故，过得特别压抑、特别不开心。"

"所以你恨你父亲影响了你和母亲的生活？"

"我不知道，可能吧。尤其是最近一次回家，我妈听我爸同事说，有次我爸在外面应酬吃饭，喝完酒以后在桌上居然哭了。肯定是在那个家过得不好，我想去查查他到底过得怎么样。"

"你是觉得你的父母还有可能会复婚？"

"不可能的，他已经有家有孩子了。不管他过得怎么样，都不会再和我妈复婚的。我妈也不会同意和他复婚的。"

"那你为什么一定要知道你父亲现在的生活状态？"

……

"我就是特别好奇，特想知道我爸过得到底怎么样。我打电话问他，他从来都不会说。他总是当我是小孩子。所以我想去移动公司查他短信、电话，看能不能帮助他过得好一点。我觉得自己好像都快入魔了。"

"你觉得查你父亲的电话隐私，就可以帮助他？"

"我已经长大了，我不希望所有人都当我是小孩子。我觉得我可以解决好父母之间的问题。"

谈话到这里，我明白了这件事的问题所在。可能是最近受到她母亲负面情绪的影响，整日活在母亲对父亲的唠叨、抱怨当中，对目前的家庭状况感到失望；同时又担心父亲过得不好，想要干预父亲目前的生活，自认为有能力去解决好父亲的家庭问题。

我们又聊了一些她父母之间的事。我发现，其实她的父亲很爱她，经常打电话询问她的学习生活情况，往她的银行卡打钱。每次她去父亲那，她父亲都会给她买很多东西。但是据她自己的理解，她觉得是她父亲感到愧疚，对不起她和她妈妈，只能通过金钱来补偿她。她认为她的父亲把所有的爱都给了那个同父异母的弟弟，不会真正关心她了。

"你觉得你爱你的爸爸吗？"我问。

"我是他的亲生女儿，说没有感情肯定是假话。所以我才会特别在意他到底过得好不好。"

"爱的表现方式有很多种。假如你为了满足你的好奇心，用你所谓的帮助作为理由，去窥探你父亲的个人隐私，查他的手机。你觉得你父亲知道了会高兴吗？这种行为不是爱，而是伤害。父母的情感和婚姻，是他们自己的问题。他们不告诉你，不是拿你当小孩子不信任你。父母也有自己的尊严。如果你父亲正如别人所说那样，目前生活不如意，他不对你说一方面是为了保全自己的颜面，维护自己在女儿心里的形象，不愿意让你去同情他，担心他。这是很正常的事情啊！换成你也一样。另一方面，他不说，恰恰证明了他爱你，在乎你的感受，不希望因为他的事情影响了你现在的生活。"

她想了想，若有所思地点点头。

"最重要的是，你要知道，无论父母因何原因离婚，他们都是爱你的。既然感情勉强不来，他们选择离婚，你就要试着理解他们的感受，用一颗宽容之心对待他们彼此的生活。你爱妈妈，就该劝她放下之前的仇恨和敌意，重新开始新的生活；你爱爸爸，就要尊重他现在的选择，祝福他过得幸福。就算他的生活暂时不如意，你也应该相信他有足够能力自己解决好的，对不对？"

这一次，她冲我笑了。

接下来的聊天顺利了很多。我们换了话题，聊了她现在的学习状况，她和室友的关系，她的理想和未来打算。我发现她其实是个很开朗的姑娘，有自己的想法和主见。最后，她轻松地离开了我的办公室。

这次聊天之后，我与这名学生还有过几次交流。首先是帮助她改善与父亲的关系，要求她经常主动给父亲打电话，聊自己的大学生活，关心父亲的身体健康，节假日给父亲买小礼物，有时间去父亲那边陪父亲散步、出游，陪父亲的另一个孩子——她的弟弟玩，并尝试与继母建立良好的关系。其次是建议她做好母亲的思想工作，经常回家陪母亲生活，尽量减少母亲提到她父亲的次数，学会岔开话题，分散母亲留在父亲身上的注意力等。最后是关注自己的成长和学习。一个人首先要学会爱自己，关心自己的生活，对自己负起责任，才能有能力解决他人的问题。

后来，她在 2013 年寒假结束前，写了一封很长的信送到我办公室。她在信里说，她现在和爸爸的关系好起来了。他们现在在电话里聊的时间越来越长。她从来未像现在这样感觉很幸福。在信的末尾，她说，每个人的生活中都会经历寒冬和黑暗的时刻，她很高兴遇到了我，让我成为她寒夜里的那盏灯，给她指明前进的方向。

这名学生如今很喜欢和我聊天。前一阵，她买了一本新书《牧羊少年的奇幻之旅》。看完后，她送来给我，让我也看一遍，然后一起分享阅读的心理体验。

（资源环境学院辅导员　汪文秋）

点　评

目前高校中有不少学生存在心理问题。作为专职辅导员，不仅仅要关注那些平时表现明显的"问题学生"，对一些看似正常的学生遇到的问题，也要引起警觉并及时解决，将心理辅导面波及所有学生中，杜绝小事累积成为大事。同时，辅导员要尽量做到对班级每一名学生的家庭情况都有真实的全面的了解。汪老师在与学生的谈话中，多听多思考，善于通过谈话内容深入对方的内心去体验其感受，并从中找出问题的关键，对症下药；最重要的是，从情感层次做到真诚关注学生，获得学生的信任。汪老师与学生的交流不仅仅只限于一次，而是全方面地进行跟踪，在解决了学生当前的困扰后，还教会学生应对问题的态度和处理问题的方法，帮助其树立正确的世界观、人生观、价值观。我相信，只要用真心对待学生的事情，最终都会赢得学生的尊重。

爱，并学会爱

　　小吴是独子，来自农村，从小跟随爷爷奶奶长大。自从小吴小学三年级后，父母就先后外出打工，收入一般。小吴从小非常听话，学习成绩也一直不错，放学回来还主动帮助爷爷奶奶干些农活，是邻居眼中标准的好孩子，也顺理成章地成为周围家长教育孩子的榜样。小吴一直非常自豪。

　　5月的一天，班长在课后向我反映："辅导员，小吴这两天一直没来上课，总是待在宿舍，我们问他怎么了，他也不说话。就算来上课，也是无精打采地听一会，然后不声不响地走了"。听到这种情况后，我放下手中的工作，来到了小吴的宿舍。我看到小吴同学躺在床上，眼睛直视着床板，面无表情。看到他的样子，我问道："小吴，怎么了，不舒服吗？跟老师说说。"他看了我一眼，说了一句"辅导员，我没事"，然后就不愿再说什么了。我考虑到可能因为宿舍有其他同学，他不愿意多说什么，所以告诉他："晚上我在办公室，有空可以来找我聊聊。"

　　晚上，小吴如约来到办公室，我的内心一阵喜悦，说明他还是能够信任我，愿意改变当前的现状。"小吴，想跟老师说些什么？"我问道。他犹豫了一下说："老师，我觉得上学没劲，这里和我想象的一点也不一样，在这里我找不到自己的位置，我觉得很没意思。"他的回答让我很惊讶。"你的成绩不错啊，是不是学习哪门课程遇到很大问题了？""老师，不是因为学习的原因。"这个回答和我预想的一样，小吴的成绩不错，现在正值学期中间，学习压力不是很大，那是不是因为感情问题呢？我知道小吴和班上某女生在谈恋爱，这名女生各方面条件也很优秀。在经过一番交流之后，小吴终于道出了事情的原委。原来，前几天小吴的女友在学校的晚会上，与她的舞伴产生了感情。在与小吴发生某次小矛盾之后，女友坚定地选择了与小吴分手，与她的舞伴在一起。而她的舞伴学习成绩不好，是老师和同学们眼里的"后进"学生，并且外表也平平。这些让小吴难以接受，优秀的女友选择了离开自己，而且是因为一个在他看来各方面不如自己的男生。分手后，小吴还尝试挽回感情，但是被她拒绝了。在前几天的一个下午，小吴还在远处看到了她和现任男友手牵手的场景，他非常气愤。从此，小吴就不愿再出门，不想在班级里面看见前女友。

大学生感情受挫，在大学校园十分常见。我采取了以下措施。

（1）找来了班级心理委员和寝室长，让他们尽量多和他聊天，鼓励他多参加集体活动，有任何情况第一时间通知我。

（2）与家长沟通，详细了解在家的情况。要求家长经常与学生联系，关心他的学习和生活，让他感受到远方家长的温暖，使其逐步恢复正确的自我评价。

（3）鼓励班级和宿舍组织小型活动，转移小吴的注意力。

（4）找小吴个别谈心，鼓励他转移注意力，树立正确的爱情观，化忧愁为力量，将精力放到学习上来。

（5）持续关注，防止情感问题复现。

随着时间的推移，小吴没有因为感情问题而沉沦，逐步走出了当初的感情困惑，树立了正确的爱情观，能够积极地面对学习、生活，与同学们的关系也越来越融洽。现在，在有同学在场的情况下，能够与前女友进行简单的交流。

纵观整个事件，我有以下几点认识。

（1）学生出现心理问题时，辅导员要及时采取措施，快速联系家长，做到学校、家长、同学合力解决问题，使学生从情感的困惑中一步步走出，拥抱崭新的生活。

（2）要重视与学生的情感交流，取得学生的信任，在遇到困难或挫折的时候，学生才会勇敢地向你敞开心扉。

（3）认清教育的目的，不只是危机的解除，更重要的是实现心理危机向教育契机的转化，使一个有心理问题的学生能真正融入正常的学习、生活中，并从挫折中得到成长，实现快乐成功的人生。

（4）建议学校能够根据学生的成长史和教育史，在专家的指导下，逐步建立学生心理成长档案。这样，在发现心理危机的时候，能够及时查阅相关信息，快速准确地对症下药。

（资源环境学院辅导员　汪　宜）

点　评

大学生的恋爱问题是辅导员工作中不可回避的问题。部分90后学生在面对爱情问题时，有相对感性、冲动性等特点，遇到一时挫折时，又有消极、悲观失望的情绪。为此，辅导员应从心理上入手，运用娴熟的心理学知识和技巧，把住脉象，切入症状，以微风拂面的感触，让学生获得沁人心脾的美感，如此，则功成。

不必预支明天的烦恼

班上有一位男同学，人很聪明，也很上进。他虽然大一刚进校时成绩中等，但在期末考试时进了班级前十名，这引起了我的注意。然而大二开学后有一段时间，他情绪很低落，上课走神，学习状态很不稳定。通过几次谈话，我感觉很难走进他的内心世界。几经了解，我得知他非常孝敬自己的父母。所以我有意在班上透露，将把个别同学的在校学习情况反映给家长。说到此，我特意用眼神给他以暗示，他意识到了什么。

第二天，他来到我的办公室，向我倾诉了他内心的苦闷。原来，他悄悄地爱慕着一位优秀的女同学，但犹豫不决，想表达而没有向那女同学表达，因此背上了沉重的心理包袱。他费了很大的劲，才说明了自己的烦恼：他来自农村，而那位女同学家境及成绩都比自己好很多。自己的成绩虽然在大一时有了一些提高，还是缺乏一种动力，一方面感到压力很大，另一方面不知道怎样才能使自己更加优秀。想想今后的就业形势，现阶段的学习压力以及情感的烦恼，心里十分杂乱。

我首先感谢他对我的信任。我告诉他，敢于正视自己内心情感的人是能够战胜自我的人，也是一个有出息的人。我鼓励他学会自我调整心态，给自己寻求动力；适当地转移对那个女生的关注，要经常和同学们交流并培养自己的业余爱好；每天制订计划，并且制订阶段性目标，为实现自己的梦想而努力。

我给他讲了个故事：从前有个小和尚，每天早上负责清扫寺庙院子里的落叶。清晨起床扫落叶实在是一件苦差事。尤其在秋冬之际，每一次起风时，树叶总会随风飘落。每天早上都需要花费许多时间才能扫完树叶，这让小和尚头痛不已。他一直想要找个好办法让自己轻松些。

后来有个和尚告诉他："你明天打扫之前先用力摇树，把落叶都摇下来，后天就可以不用扫落叶了。"

小和尚觉得这是个好办法。于是第二天他起了个大早，使劲地猛摇树，心想可以把今天和明天的落叶一次扫干净了。一整天，小和尚都非常开心。

第三天，小和尚到院子一看，他不禁傻眼了。院子里如往日一样是落叶满地。老和尚走了过来，对小和尚说："无论你今天怎么用力，明天的落叶还是会飘下来。"

小和尚终于明白了，世上有很多事是无法提前办完的，唯有认真地活在当下，才是最真实的人生态度。

"我明白了，我这是在预支明天的烦恼！"男孩子很聪明，一点就透。

"是啊，明天的烦恼是什么。我们没必要预先知道，更没有必要预支。"

很快，这位同学恢复了原有的良好的学习状态，各方面都有了明显的进步，再一次显示出他的生机和活力。

大学生情感的爆发有时很突然，一时的冲动，常使他们无法应付继之而来的局面。此时，有益的交流就显得十分重要。我们应该让他感受到，你是他最可信任的朋友，正在帮他解决问题。你还要通过自己的言行，让学生明白，他不是孤立无援的。老师不会耻笑和看轻自己的学生，只会保护他不受伤害，积极引导他成为一个自强、自信的人。

（教育学院辅导员　孙　群）

点 评

世界上最难的，莫过于给人做通思想工作的本领。辅导员应有善于发现学生细微动态的眼睛，同时还要有让学生心悦诚服的能力。孙老师的成功之处在于向学生娓娓而谈小和尚扫落叶的故事，顺其自然地点出世上有很多事是无法提前完成的，唯有认真地活在当下，才是最真实的人生态度，没必要预支明天的烦恼。

用阳光驱散心中迷雾

一

一天，小 G 说，从初中时，自己就有心理问题，住院治疗过，容易复发，且一年比一年严重。高中三年都是父亲陪读，初中休学一年，高中休学一年。犯病时比较烦躁，最近懒得吃药，觉得严重了，目前有自杀的想法。

通过交谈得知：小时候父母经常吵架，有一次她把干饭煮成了稀饭，母亲对她大吼，并把她打出鼻血，父亲也骂她。这件事让她记忆深刻，难以抹去。她感谢父母在她生病时为她所做的一切（落泪），煮饭这件事虽说已经原谅了父母，但是心中仍无法释怀。高中时，她把男老师对她的关心当成了爱情，并暗恋男老师多年。后来男老师结婚，她很难过。

小 G 性格好强，喜欢钻牛角尖。因为未考上理想的大学，又未评上奖学金等事情，觉得周围人不可信任，又害怕别人知道自己有病这件事，不想让别人可怜自己，同情自己。一想到要实现梦想的过程太长，就觉得撑不下去了，脑子一片空白，学不进去，又不甘落后，几次想自杀。前几天还买好了安眠药。母亲来看她，她表现得很冷淡。同学们表示不能理解她。

针对小 G 的情况，我采取了一些处理办法。首先，对她进行开导、劝解，让她千万不要有轻生的念头。一个人要有责任，要对得起自己，对得起他人。谈到她父母这些年来的辛苦，她又哭了，觉得自己对不起他们。其次，告诉她身边还有许多关心她的人，要敞开心扉，不要将自己裹得太严实。另外，一定要调整心态，不要急，慢慢来，付出不一定有回报，但要取得成绩就一定得付出。付出的过程充满艰辛，不要气馁，对人生要充满希望。再次，联系宋老师为她做心理咨询，并将此事汇报分管学生工作的领导。最后，联系本班级与她关系较好的同学，多关心帮助她，防止意外发生。

二

2010 年 11 月 16 日下午，宋老师的建议是，联系她的父母，告知情况，带她去正规医院接受治疗。

我一直没联系上她的父母。因为小 G 不愿意告诉我她父母的联系方式，还非常介意我找她父母。她告诉我，她的妈妈中午打电话来说天冷了，要加衣服，注意保暖。她觉得她母亲非常虚伪。今天心情不好，早上英语课未上，下午班会也没去。她原本不想来我这里，但在我的再三要求下才来了。

小 G 目前的状况是：生活上可自理，与同学关系还好。但有的时候，较为勉强，不愿意和同学相处，不愿意做过多的交流。

作为辅导员，我表示非常关心她，希望她不管有什么事，什么困难，尽管找我，一定要坚强。

11 月 17 日晚，联系到小 G 父母，周五来校。

三

在小 G 不知情的情况下，她的母亲来到学校。黄书记、宋老师、小 G 母亲和我坐在了一起。

宋老师简单地介绍了她目前的情况：敏感、顾虑多；7 岁时诊断得了抑郁症，断断续续地吃药；在黄昏或是天气阴沉的时候就想要自杀。家忙的时候、父母吵架的时候，她常常被丢在小角落里。在家庭的成长中有负面的心理事件，她有着"要征服我自己"的想法，但遇到困难时，这种想法就比较弱。她有强烈的渴望被关爱的想法，认为父母的爱应该给她，而不是分给其他的兄弟姐妹，内心比较幼稚，未真正成长起来。

小 G 妈妈：合肥市第四人民医院确诊她得了抑郁症，复诊过一两次，希望学校不要让她休学，可以请假治疗一段时间。

宋老师：必须要按疗程吃药，要让她去面对这个家，感受家庭的温暖，让她变得坚强。

黄书记：生命大于一切，要治疗。我们将从困难补助、医疗保险等方面给她提供经济上的帮助，在其他方面能帮助的尽量帮助，让她度过危机。在阴雨天、傍晚时分要特别关注她。

小 G 不愿意回去，觉得回去了整个人就毁了，但会坚持吃药。我尊重她的想法。我让她的室友要多关心她，并让班干、她关系较好的同学有时间多找她聊聊。

四

11 月 29 日，和小 G 谈话，状态比之前要好。考虑到吃药给她家带来的负担，正逢学校在评选胡玉美奖学金，她的条件符合，我和院里领导商量能否予以评定。领导同意了。我对小 G 又提了希望，希望她调整心态，制订目标，跨越障碍，学会坚强。此后我们经常关心她，帮助她，让她感受到集体的温暖。

2013 年 6 月底，小 G 顺利毕业了。这时的她乐观、自信，和前两年判若两人，她通过了大学英语四级、六级考级，全国计算机二级考试，找到了一份满意的工作。

（教育学院辅导员　徐　颖）

点　评

辅导员在从事学生思想政治教育工作时，如能选择用日记体的形式记录学生成长中的困惑、发展中的瓶颈或者学生奋斗的足迹、成功的喜悦，则是一份珍贵的资料，是促进辅导员不断反思工作、改进工作的资料，同时也是促进辅导员提升科研能力，书写科研论文的资料。而能够坚持下来的，那离优秀辅导员就接近了。

危机处理篇

危难时刻我在前　处置情况需耐心

9 月底，安庆师范学院举行秋季田径运动会。我所带的信息专业小黄同学在跳高比赛中不慎跌倒，导致左腿腓骨骨折，情况十分紧急。

校医院的医生在进行了简单的应急处理后，果断将小黄同学送至安庆市第一人民医院诊治。我的爱人正好在医院收费处上班。见此情况，我自己为小黄同学作了担保。医院在进行了一系列检查后，发现小黄同学骨折的情形非常严重，需要马上进行手术。经过核算，费用将在 10 000 元以上。我马上将该情况向学院领导作了汇报。领导指示，马上从校财务处借款 11 000 元，作为小黄同学的治疗费用。小黄同学的家长得到消息后，立即从老家赶到医院。看到儿子受伤痛苦的情形，家长心里非常难受，在同病房病友的撺掇下，情绪十分激动。他打了一个电话给我，扬言要组织亲友到学校"讨个说法"，要求学校支付精神赔偿费、后期医药费、营养费20 000元。得知此情况，我立即与小黄家长见了面，作耐心细致的解释，详细还原了自小黄同学摔伤以来学校采取的一系列应对举措。经过我的耐心解释，家长的情绪逐渐缓和了下来。

当时，我的岳父就在医院骨科上班，原本不是小黄同学的主治医生。在我的极力劝说下，岳父答应为小黄主刀。手术做得非常成功。那些天，在繁忙的工作之余，我天天跑到医院，守护在小黄同学的病床前，既挂念和感同身受于小黄同学的病情，又要和他的家长做深入沟通，安抚家长激动的情绪。家长常常对我大发其火，抱怨学校对小黄的照顾不周全，多次在我面前说要"闹事"。我都以最大的耐心加以好言劝解。

　　小黄同学在康复后须将钢板取出，这一手术仍然需要 4 000 多元费用。学校考虑到小黄同学的实际情况，安排由我到校财务处借款予以解决。在小黄同学住院期间，学校学生处、学院的领导多次到医院看望。我还和学院的分管领导一起，到小黄同学的家中看望。由于工作细致，关爱有加，小黄同学的恢复良好，家长的情绪逐渐稳定下来。小黄同学本人也不负众望，于 2008 年考取了研究生。

　　　　　　　　　　（数学与计算科学学院辅导员　汪　沛）

点　评

　　学生遭遇突发情况，辅导员要反应迅速，赶到现场，掌握第一手资料，做到及时、有序、有效、得当。在处理的过程中，辅导员要经常扮演"桥梁"和"纽带"角色，作上下沟通和协调的工作。在工作中，可能面临着误解，遭到质疑，甚至是唾骂，这时辅导员需要的是承受压力，真诚地交流，真心地帮助，换个角度，设身处地为他们着想，就不会有"好心没有好报"的感慨。有时候，辅导员还需要面带微笑，迎难而上，及时有效沟通，增加和谐面。

夜间学生突发疾病事件的处理

记得刚从事辅导员工作半年的一个深夜，已经入睡的我突然被一阵急促的手机铃声惊醒。由于之前很少在夜里有亲戚朋友打电话找我，我当时立即预感到，可能会是班上的同学夜里突然遇到了什么急事，需要连夜找我。果然，一看来电显示，是我们班上一个女寝室长给我打来的电话。电话中，这位寝室长很快地叙述了找我的缘由：她们同宿舍的一位同学，从傍晚开始就感觉到左耳内异常疼痛。晚饭后由于身体不适，连晚自习都没有上，就提前休息了。她原本希望第二天左耳的疼痛能有所好转，然而，深夜，这位女同学的疼痛非但没有减轻，反而更为剧烈。宿舍里的其他同学看到她疼得全身大汗、脸色发白并且还伴随着发烧的症状，也都非常紧张。由于当时正是深夜，女生宿舍属于封闭式管理，同学也没有办法带她出去就医。情急之下，室友们一起商议，由寝室长电话联系我，看如何解决。这时，我瞄了一眼床头的闹钟，正是凌晨两点钟。

作为一名兼职辅导员，当时我刚刚接手学生工作，工作经验还不足，像这样的夜间学生突发疾病的事件，我是第一次遇到。但我清楚，此时此刻，自己必须当机立断来处理这件事，不能让给我打电话的这些同学过于紧张，更不能让生病的同学耽搁病情。所以电话里，我首先要求寝室长以及宿舍里另外一名班委同学立即做好准备，带着生病同学乘坐出租车，去安庆市立医院急诊科就诊，并要求其他同学上床休息，不要影响第二天上课。同时，我马上查找宿管科值班电话，并电话联系女生楼宿舍管理员说明情况，要求他们立即打开楼下宿舍大门，以便学生能及时就医。考虑到几个同学临时去医院，可能还会遇到一些她们很难解决的问题，所以我马上穿衣起床，带足现金，骑上电动车赶往安庆市立医院。

在医院急诊大厅门口，我很快看到了刚刚乘出租车赶到的几位同学。陪同就医的两位同学，看到我赶来了，焦虑的神情明显放松下来。我简短地问了几句，立即安排陪同的同学去挂急诊号，而我则带着生病同学先去找医生检查。值班医生在检查其耳腔后，马上安排了相关的诊治措施，并告诉我，这位同学得的是急性中耳炎，病情发展得很快，幸亏及时送诊，否则耽误了病情，可能会有鼓膜穿孔失聪的危险。听到这里，我也为自己的果断处理，舒了一口气。忙到快五点钟，看到生病的同学躺在病床上，打着点滴，已经入睡，我知道她的病情已经有所好转了。这时，陪同就医的两名同学也已经疲惫不堪。为了让她们回去休息，我又赶忙电话联系了班上的另外两名班委同学来替换她们，并对相关的事宜做了安排。

几天后，生病的同学顺利康复。生病同学的父母在了解了具体情况后，专门给我打来了电话，向我表示了感谢。

事后，我也对这个事件进行了反思，我认为在辅导员工作中，必须要时刻保持着处理突发事件的心理准备。同时，在工作中要不断地提高自己处理突发事件的能力。我有以下一些认识。

（1）作为辅导员，应该24小时能够与学生、相关部门、上级领导保持联系。一旦学生有突发事件发生，能保证第一时间掌握事态发展的具体情况。

（2）及时向院系领导和相关部门反映情况，并寻求支持和帮助。

（3）积极发动学生党团员和学生干部的能动性，以帮助自己更好地处理突发事件。

（4）针对棘手的突发事件，辅导员应第一时间赶到现场帮助处理。

（生命科学学院辅导员　谢　翎）

点　评

　　就学生夜间突发疾病而言，辅导员一定要冷静，迅速地了解学生的具体病情，并针对具体情况及时加以处理。如果处理得当，就能有效地将相关损伤降到最低，并且避免进一步的伤害。同时，突发事件的处理，体现了辅导员的工作能力。突发事件处理不当，可能会失去学生的信任，使自己的工作被动；反之，则可以得到学生更多的肯定，在今后的班级工作中往往更能够得心应手。